EDMUND OF ABINGDON

# SPECULUM RELIGIOSORUM
## AND
# SPECULUM ECCLESIE

AUCTORES BRITANNICI MEDII AEVI · III

# EDMUND OF ABINGDON

# SPECULUM RELIGIOSORUM

AND

# SPECULUM ECCLESIE

EDITED BY

HELEN P. FORSHAW, S.H.C.J.

LONDON · *Published for* THE BRITISH ACADEMY
*by* OXFORD UNIVERSITY PRESS
1973

*Oxford University Press, Ely House, London W. 1*

GLASGOW  NEW YORK  TORONTO  MELBOURNE  WELLINGTON
CAPE TOWN  IBADAN  NAIROBI  DAR ES SALAAM  LUSAKA  ADDIS ABABA
DELHI  BOMBAY  CALCUTTA  MADRAS  KARACHI  LAHORE  DACCA
KUALA LUMPUR  SINGAPORE  HONG KONG  TOKYO


ISBN 0 19 725935 9

*Printed in Great Britain*
*at the University Press, Oxford*
*by Vivian Ridler*
*Printer to the University*

TO

PROFESSOR HUGH LAWRENCE

# PREFACE

IT is ten years now since Professor Hugh Lawrence introduced me to the ways of historical research, and to the fascinating problems surrounding St. Edmund of Abingdon's treatise on the spiritual life, *Speculum Ecclesie*. The study of its textual history and the sources of Edmund's teaching, together with the edition of two Latin recensions of the text, owe more than I can say to his guidance, kindly criticism, and never-failing encouragement. And I must record my debt also to the work of Dr. H. W. Robbins, the first to edit the Anglo-Norman version of the text. Although I came to disagree with many of his conclusions about the original form and language of the treatise, my work was made the easier for his pioneer studies and preliminary classification of manuscripts and recensions.

The present edition of two Latin recensions of the treatise was presented as part of my M.A. thesis in the University of London, and I am grateful to the examiners for giving permission to publish. But between the permission and its realization there lay an apparently unbridgeable gulf, until the happy conjunction of two decisions: the first on the part of my religious superiors, who generously gave me the time necessary for further research, and the second that of the editorial committee which, on behalf of the British Academy, accepted my edition for the present series of texts—an honour I deeply appreciate.

Then there are all those who have assisted me in the arduous work of refashioning the original thesis, above all Dr. R. W. Hunt, who has given generously (and always so cheerfully) of his time and advice, and has saved me from many slips. It is a pleasure to acknowledge the encouragement given by specialists in other fields, in particular Professor G. Shepherd, Professor A. Wilshere, and Mr. C. A. Robson. To Dom Jean Leclercq O.S.B., the Trappists of Borkel en Schaft, and the Augustinian Fathers of Eindhoven I am indebted for help in tracing some of Edmund's quotations from Bernard and Augustine; to Mr. Neil Ker for information on the date and provenance of several manuscripts, and to the President of St. John's College, Oxford, Dr. R. W. Southern, for reading the text in typescript and making several valuable suggestions for its improvement. The same ready and courteous assistance has been offered by Museum and Library staffs everywhere, and for this they have my admiration and gratitude. I must also thank Miss M. Swainson, assistant secretary of the Academy, and the reader for the Oxford University Press, for their very helpful queries and comments on the text in the final stages before publication.

Finally I should like to thank Sister Mary Paul O'Connor S.H.C.J., without whose decision to let Clio withhold a potential teacher from the classroom for two precious years this edition could never have been undertaken.

HELEN P. FORSHAW S.H.C.J.

# CONTENTS

# I. TEXTUAL INTRODUCTION

THE *Speculum Ecclesie*, to give it the title by which it is commonly known, of St. Edmund of Abingdon, archbishop of Canterbury (1234–40),[1] has come down to us in various versions in Latin, French (Anglo-Norman), and English. The present edition comprises the original Latin text, which has never been printed before, and, for comparison, the vulgate Latin text, which is a translation from one of the Anglo-Norman versions.[2]

## 1. THE *SPECULUM RELIGIOSORUM*

The title of the original Latin text was *Speculum Religiosorum*. It is extant in six manuscripts:

A: Oxford, Bodleian Library, MS. Hatton 26 (S.C. 4061). This is a composite codex of 244 folios, 255 by 166 mm., in a modern binding. It is made up of five volumes, four written in different hands of the first half of the thirteenth century, in single and double column, and the fifth, the third in the MS., in single column in two hands: the first a clumsy book-hand of the second half of the thirteenth century and the second a rough semi-cursive hand of the late fourteenth or early fifteenth century.[3] The five sections are rubricated in different styles. There are many marginal notes in a variety of hands throughout the codex, and the whole is much worn and stained. Three of the volumes are incomplete either at the beginning or the end. There are enough indications of provenance to assign the whole codex to the Augustinian Priory of St. Thomas at Baswich, near Stafford.

Two fifteenth-century inscriptions of ownership on f. 204ᵛ, the last folio of the third section, record this fact: 'Iste liber constat de domo Sancti Thome martiris juxta Staffordiam.' On the last leaf of the final section appears the name of a subprior: '(Wa)lter rolston' and '(Walt)er rolstun supprior'. It is known from a witness-list in a charter of 1389 that there was then in the community a frater Walter de Roleston.[4] A series of pencilled marginal notes

---

[1] For his life see C. H. Lawrence, *St. Edmund of Abingdon* (Oxford, 1960), pp. 106–82; hereafter cited as *Lawrence*.

[2] For a more detailed consideration of the various versions, and for the relationships between the Latin texts and the vernacular versions see H. Forshaw, 'New light on the *Speculum Ecclesie* of Saint Edmund of Abingdon', *Archives d'histoire doctrinale et littéraire du Moyen Âge*, xxxviii (1971), pp. 7–33, and its sequel, 'St. Edmund's *Speculum*: a classic of Victorine spirituality', ibid., xxxix (1972).

[3] In the *Summary Catalogue*, ii, 2, pp. 819–21, this section is dated mid fourteenth century or a little later, and as early fifteenth century by H. E. Allen, *Writings ascribed to Richard Rolle* (Oxford, 1927), p. 232 (hereafter cited as *Writings*).

[4] F. Parker, 'A Chartulary of the Priory of St. Thomas, the Martyr, near Stafford', *Collections for a History of Staffordshire*, ed. William Salt Archaeological Society, vol. 8 (1887), p. 129 n. 5.

of the late thirteenth century that runs through the first three volumes records payments of small sums of money either to or from named individuals. The place-names in these notes are all from the south-west coastal region of Lancashire; Meols, Crossing, and Birkdale occur frequently. St. Thomas's Priory owned rights and property in south Lancashire, but, apart from the evidence of these notes, there is no record of their having possessions to the north and west of Martin's Mere.[1]

The change of hand in section C, which contains the *Speculum*, comes at ff. 145-6, in the course of the *Liber Scintillarum* (attributed to Cassiodorus), without any break in the text. At this point the quality of the parchment changes, from a thick, felt-like parchment, badly stained, torn, and holed, to a thinner parchment with a very poor finish and with many torn and irregularly shaped leaves. The pencilled notes in the margins of the first three volumes also cease at this point. It is Dr. Hunt's suggestion that all the evidence implies that the second scribe was replacing the badly worn gatherings of the original volume, and was working in a scriptorium where there was need to economize. Such a situation would be easy to envisage in the case of a small priory like St. Thomas's. The *Liber Scintillarum* is followed by an *Ars Moriendi* and the *Speculum Peccatoris*, both of which could well have been copied from the original volume. Was the *Speculum Religiosorum* likewise copied from a thirteenth-century exemplar? This would have been a safe and reasonable deduction but for the presence of Richard Rolle's *De Conversione Peccatoris* between the *Speculum Peccatoris* and the *Speculum Religiosorum*. This necessarily weakens an otherwise strong case, though it does not destroy it. For it would be quite natural for a late-fourteenth-century scribe to include Rolle's treatise in a volume of this kind, and to put it straight after the *Speculum Peccatoris* rather than at the end. If he had done this and miscalculated the number of leaves he needed it would account for the fact that the *Speculum Religiosorum*, ff. 183ᵛ-204ᵛ, begins imperfectly without the prologue and list of chapters.

The other contents of the codex are part of a *Speculum de sacramentis ecclesiasticis* attributed to Hugh of St. Victor; a collection of Latin sermons, beginning with Latin versions of the sermons delivered in the vernacular by Bishop Maurice de Sully; part of a treatise on the vices ending with sentences from the Fathers; and finally a fragment of a thirteenth-century satire on contemporary vices.

B: Douai, Bibliothèque municipale, MS. 396.[2] This is a volume of 220 folios, written in several fifteenth-century hands, containing theological and devotional works. The *Speculum Religiosorum*, ff. 55ʳ-69ᵛ, is written very closely in single column, in a rather untidy hand. A corrector has been at work and there are many marginal notes in the same hand as the text. Before the Dissolution this MS. belonged to Sheen Charterhouse: the inscription of

---

[1] See the chartulary assembled by Parker, op. cit. pp. 125-201.

[2] The notice in *Catalogue général des MSS. des bibliothèques publiques des départements*, t. 6, pp. 226-30 can be supplemented by H. E. Allen's notes, *Writings*, pp. 37-9.

ownership on the last flyleaf begins, 'Iste liber est domus Iesu de Bethleem Ordinis Cartusiensis de Schene'.[1] After the Dissolution it passed to the English College, Douai, and the new ownership is recorded on f. 1ʳ with the inscription, 'Coll. Angl. Duac.'

In spite of a number of uncorrected scribal errors, this is substantially a good text of the *Speculum*, and in many places has confirmed the readings of Hatton 26 where these differed from the other three complete copies. It has some phrases and sentences not found in any of the other copies and which I have judged to be interpolations. I have supplied the prologue and list of chapters, missing in Hatton 26, from this MS.

The other contents of the volume are nearly all of a devotional nature, chief among them being seven works of Richard Rolle. Of the other pieces— religious poems, prayers, meditations, and sermons—some are attributed to St. Bonaventure, others to Bernard and Aelred.

C: The next three MSS. have almost identical copies of the text. In fact it is possible to see how the small differences crept in, through misreading or omission, from one copy to the next. It must suffice here to say that British Museum Harley MS. 5441 is the exemplar copied by the scribe of Trinity College, Dublin, MS. E. I. 29, and that this in its turn was copied by the scribe of Harley MS. 3490—and very probably in the same scriptorium as the Dublin MS., to judge by the general layout of the two MSS., their rubrication, and decoration.

C1: British Museum Harley MS. 5441.[2] This volume of 147 folios, 240 by 153 mm., in a modern binding, is closely written in a single early-fifteenth-century hand in single column. It contains theological, didactic, ascetical, and hagiographical texts. The whole is well rubricated in the same style throughout, and the texts are punctuated by red paragraph signs and dashes. Red is also used for underlining and marginal notes, and initial capitals are in blue with red flourishing. Each item is begun at the top of a page and is marked by a small projecting tab of parchment. An inscription of ownership at the top of f. 1ʳ has been almost obliterated, but under an ultra-violet lamp it is possible to make out the words: 'Liber Helye Roffore [or Rossore?] rectoris de Hustlyng [or Nurslyng?]'.

The *Speculum Religiosorum*, ff. 118ᵛ–130ʳ, begins with a short form of the prologue. When collated with Hatton 26 this text, and the two dependent on it, has about seventeen omissions ranging from four to fifteen words in length. Half of these have clearly been caused by the scribe's passing from one word to its repetition in the same or the next line; others might well represent a line in the exemplar from which Harley 5441 was copied. One of the errors common to all three copies of this text was caused by the rubricator of this MS. who filled in *Q* instead of *D* at the beginning of chapter 3, giving *Quo* instead of *Duo*.

---

[1] The rest of the inscription reads: 'Iesu fili Dei miserere mei quod J. London. Si quis istum librum alienaverit anathema sit.' Miss Allen observes that the same name appears in B. M. Royal MS. 7. D. XVII.

[2] *Catalogue of the Harleian MSS.*, vol. 3, p. 268.

The volume begins with hagiographical texts followed by two grammatical expositions written in Latin and English of the psalms and difficult passages in liturgical texts. The *Speculum* is preceded by the treatise *De modo tacendi et loquendi*, by Albertanus of Brescia, and some meditations attributed to St. Bernard. It is followed by Bernard's *De Consciencia*, Grosseteste's *De Vera Confessione*, and a tract on a text from Job by Master John Devereux. Seven of the items in this MS. are found in the Dublin MS. also.

C2: Dublin, Trinity College MS. E.I. 29.[1] This is a fine folio-size volume, of 225 folios, written in a small and very regular fifteenth-century hand, in double column. Like Harley 5441 it contains hagiographical, didactic, and ascetical works. The whole volume is carefully rubricated and initial capitals are in blue with red flourishing. Paragraph signs are used with restraint. The MS. has suffered some mutilation, with the deliberate removal of leaves in several places. The text of the *Speculum*, ff. 43$^v$–52$^r$, is affected by an instance of this: two leaves have been cut out after f. 50, leaving only stubs and causing the loss of seven chapters, from chapter 20 to the beginning of chapter 28. The MS. went with Archbishop Ussher's Library to Trinity College at the Restoration; there is no indication of its pre-Reformation provenance.

Just over half the contents of this MS. has been copied from Harley 5441. It has some additional religious pieces and begins with Cato's *Distichs*, in English verse. The final text is a history of the Trojan War by Guido de Colunna.

C3: British Museum Harley MS. 3490.[2] This large and magnificent folio volume contains only two articles, the *Speculum Religiosorum* and Gower's *Confessio Amantis*. The first seems to have been chosen to fill up the first gathering, ff. 1$^r$–6$^v$. The rest, ff. 7–215, is devoted to Gower's long poem. These pages of high-quality vellum are lavishly illuminated and decorated, and both texts are written in the same very fine and regular fifteenth-century hand, in double column. The hand has affinities with that of the Dublin MS., though it is not identical. Titles, chapter-headings, and colophons are underlined in red; initial capitals are in blue with red flourishing and paragraph signs are alternately red and blue. A corrector has been at work but there are very few marginal notes and the whole MS. is in excellent condition. There is no indication of provenance.

The text of the *Speculum* calls for no special comment since it is an extraordinarily faithful copy of C2.

D: British Museum Royal MS. 5. A. VI.[3] This volume of 86 folios, 230 by 160 mm., in a modern binding, is written in at least two mid-fifteenth-century hands. A note at the end of the list of contents on f. 84$^v$ states that 'Johannes Celston scripsit istud volumen', and the date given is 1446. The note is in the

---

[1] *Catalogue of the MSS. in the Library of Trinity College, Dublin* (Dublin, 1900), p. 80, no. 519. The Keeper of MSS., Mr. W. O'Sullivan, kindly filled out the description for me and supplied a microfilm copy of the text of the *Speculum*.

[2] *Catalogue of the Harleian MSS.*, vol. 3, p. 33.

[3] Warner and Gilson, *Catalogue of Western MSS. in the Old Royal and King's Collections in the British Museum*, I, p. 90.

same hand as the first three and the last two articles, which are well written in double column. The intervening three articles, which include a partial copy of the original *Speculum*, are written in double column in a different hand. The spaces left for the rubricator have not been filled in except for the initial capitals, which are in blue with red flourishing. Red and blue paragraph signs occur frequently and a corrector has been at work. The whole volume, which is very much a parish priest's manual, containing elementary didactic tracts and many theological notes and extracts, has been heavily annotated in many hands. A sixteenth-century memorandum on f. 84ᵛ records that the volume had belonged to Sir Edmond Kellet who had given it to Sir John Baker of Solyhull on condition that he pray for the soul of Robert Kellet.

Although the MS. contains a complete text of the *Speculum*, ff. 38ʳ–52ʳ, only the first eight chapters are from the original *Speculum Religiosorum*. The rest is taken from a later Latin recension, translated from the Anglo-Norman and quite distinct from the *La Bigne* recension.[1] The scribe has treated both his exemplars with great freedom, but this copy has occasionally proved useful in confirming or clarifying the basic text for the first eight chapters.

Extracts: Oxford, Bodleian Library, Laud Misc. MS. 697 (S.C. 954). This small volume of 57 folios of paper and parchment, bound in a limp vellum cover, is a collection of tracts, notes, extracts, and verses on theological and historical topics in a sixteenth-century hand. The list of contents shows that the original volume had contained nine complete tracts of which only three remain. On f. 1ʳ is the inscription, 'W. Hale possessor huius libri est'. It is possible that this was a St. Albans' book, for there are many notes and verses on the Wars of the Roses as they affected that district, and some verses which explain the windows and paintings in the monastery church.

The extracts from the *Speculum*, ff. 44ᵛ–46ᵛ, are headed, 'Hic incipiunt bone note de libro qui dicitur Speculum Sancti Edmundi Episcopi et Doctoris'. The extracts are from chapters 1 to 3, 5, 15, 16, and 30, and although the compiler has abbreviated some passages a little, he has preserved the original wording. They are related to the Douai text in their variations from Hatton 26.

I have taken MS. Hatton 26 (A) as the basis of this edition of the text. In spite of its imperfect beginning and unpromising appearance it has needed little correction, whereas the other four complete copies have more omissions of words and phrases than A. Only occasionally do they offer a reading which is clearly better than A's. In chapter 4 (10), for example, the *animam tuam* of BDC is in strong contrast with the *corpus tuum* later in the same sentence, a contrast quite lost in A's reading, *te*. Similarly, near the end of the treatise (119), the argument that if there were two gods, then one would be superfluous if the other was sufficient

---

[1] For a description of this, the *Bodley 54* recension, see 'New light on the *Speculum Ecclesie*' (above, p. 1 n. 2), pp. 7–33.

(*sufficeret*), is correctly stated in BC, whereas the scribe of A mistakenly substitutes *deficeret* for *sufficeret* and ruins the argument.

In view of the small number of extant copies of this important text I have included variant readings in the critical apparatus whenever these affect the sense of a passage, or suggest a well-established tradition which may be more authentic than the Hatton version. For example, in chapter 3 (6) D balances *Si in quanta genitus fueris* with *Si in quantum futurus es* at the beginning of the next sentence, a phrase missing in ABC. In chapter 9 (40) BC have a slightly different arrangement of the text from A, an arrangement also found in the vulgate text at the same point; but a little earlier in the same passage it will be noted that BC agree with A and not with the vulgate in a similar rearrangement.[1] There is some doubt of the correct reading in two of the quotations attributed to St. Bernard. In chapter 2 (3) the *honorabiliter* of ABC, and the other recensions, is replaced by *ordinaliter* in D. Edmund's source here appears to be a sermon of St. Bernard's[2] where he says that those who live in a congregation live well if they live *ordinabiliter, sociabiliter et humiliter*. Has D preserved the original reading of Edmund's text? Unfortunately this MS. has only the first eight chapters of this recension, although it has the full list of chapters proper to it. It is impossible to know if its exemplar had *ordinaliter* at the two points later in the text where ABC repeat *honorabiliter* in recapitulating the theme, chapter 29 (135) and chapter 30 (139). It might have done so, for the word is repeated in D's list of chapters in the heading for c. 30, and B, perhaps significantly, omits either word but leaves a gap.[3] (A has no list of chapters.) On the other hand, the repetition of the theme in c. 30 is followed by a prayer beginning 'Donet nobis itaque Deus ita eum honorare, ita proximum diligere, ita nosipsos humiliare, ut propter nostram honoracionem honorari, . . .', which suggests that *honorabiliter* is the correct reading. Nevertheless, given D's use of the unusual *ordinaliter* and its echo of Bernard's *ordinabiliter*, it cannot be ruled out that *honorabiliter* was introduced into Edmund's text by a reviser in the light of the concluding prayer.

Further, all the MSS. omit the full explanation of the *dictum* which follows immediately in Bernard's sermon and in the vulgate text, and which, as Dr. Southern suggests, probably dropped out of the original text by mistake: there is certainly confusion at this point in the MSS. In emending the text a choice has to be made between Bernard's version

---

[1] For other examples see §§ 72 and 108 below.
[2] See Leclercq, *Opera S. Bernardi*, v (Rome, 1968), sermo I in sollemnitate apostolorum Petri et Pauli, 4, p. 190; *PL* 183, col. 407.          [3] See below, p. 36.

and the form of the explanation found at the end, in chapter 30, and in
c. 2 of the vulgate. Where Bernard has *ordinabiliter tibi . . . humiliter Deo*,
in the *Speculum honorabiliter* is related to God (3, 139) and *humiliter* to
ourselves (139, SE 3). The whole of c. 30, on friendship and personal
humility, provides convincing evidence that the correct reading is the
form *honorabiliter* [*ordinaliter?*] *quoad Deum . . . humiliter quoad teipsum*.

Persistent search has so far failed to locate the sentence quoted in c. 4
(17), in the works of Bernard, so that there is no means of checking the
correctness of A's order of the words *commendaris* and *commissus es*
against BCD which transpose them.

The C MSS., usually identical, are cited simply as C except on the
few occasions when they differ, and then their individual sigla are given.
The extracts from Laud Misc. MS. 697 have not been used to establish
the text.

## 2. THE *SPECULUM ECCLESIE*

The title of the vulgate Latin text of Edmund's treatise, translated from
the Anglo-Norman, is *Speculum Ecclesie*, one of the three forms of the
title borne by copies of the Anglo-Norman version, *Le Merure de Seinte
Eglise*, in the second half of the thirteenth century. I have used the
following MSS. in preparing the edition:

E: British Museum, Royal MS. 7. A. I.[1] This volume of 157 folios, 237 by
166 mm., in a modern binding, was written *c.* 1400 in a neat and regular hand,
in single column. Corrections have been made in the same hand. Rubrics are
in purple, initial capitals in blue with red decoration, and paragraph signs
are in red and blue. The first gathering, originally left blank, has been filled up
with theological notes and a table of the concordance of the Gospels in several
fifteenth-century hands. These items are not included in the list of contents
on f. 3ᵛ.

It is an interesting fact that, like the best copy of the *Speculum Religiosorum*,
the best copy of the *Speculum Ecclesie* belonged to an Augustinian priory.
Inscriptions of ownership on ff. 4ʳ, 11ᵛ, 155ᵛ, and 157ᵛ record that this MS.
belonged to the Augustinian Priory of St. Mary Overy, Southwark. Besides
the *Speculum*, ff. 12ʳ–22ᵛ, it contains meditations and prayers much favoured
by religious: meditations and prayers of St. Anselm; Bonaventure's Meditations on the life of Christ and the *Stimulus Amoris*; Augustine's *Visitacio
Infirmorum*, two anonymous Gospel homilies, and the letter of Dindimus,
King of the Brahmins, to King Alexander.

F: Oxford, Bodleian Library, Ashmole MS. 751 (S.C. 8193–4).[2] This volume
of 155 folios of thick paper, 217 by 135 mm., in a modern binding, is closely

---

[1] Warner and Gilson, *Catalogue of Western MSS.*, i, pp. 160–1.
[2] See also Allen, *Writings*, p. 94.

written in single column in a late-fourteenth-century hand. The MS. has
been corrected in the same hand. Though titles and chapter-headings have
not been rubricated some are underlined in red, and many capitals are touched
with red. The texts are peppered with red paragraph signs. There are many
marginal notes in fifteenth-century hands and the whole volume is much worn
and stained. There is no indication of provenance.

The *Speculum Ecclesie*, ff. 62ʳ–78ʳ, is less carefully copied than in the
previous MS., but there are no notable differences between them. This,
and five other MSS., M1, M2, P, S, and T, have the Latin version of the
colophon found at the end of two copies of the *Merure*: 'et bene potest
nominari ita cum in tota sacra scriptura non poterit aliud specialius inveniri.'
The other contents of the volume, besides many theological and hagiographical notes, are sentences from Peter Lombard and Peter Comestor, short
works by Bernard and Richard Rolle, and the Jesus Psalter.

G: The next two copies of the text are almost identical. The second ends
abruptly at the end of chapter 10, and both begin imperfectly with chapter
1, without prologue or list of chapters.

G1: British Museum, Sloane MS. 2275.[1] This volume of 245 folios, 250
by 182 mm., in a modern binding, is written in double column in several late-
fourteenth- or early-fifteenth-century hands. It has been corrected by someone called Mertth. Titles and chapter-headings are rubricated and initial
capitals are in red and blue with blue and red decoration. There is no indication of provenance but according to Dom A. Wilmart the MS. probably comes
from the south of England.

The text of the *Speculum*, ff. 184ʳ–191ʳ, is good but has many minor differences of words and word-order from the Royal 7. A. I text. Some of these
characteristic variations are found in other copies of the recension. In this
volume Edmund's treatise again finds itself in company with a number of
Richard Rolle's writings, five in all. The whole book is a typical monastic
collection of theological and devotional works, which includes meditations
attributed to Augustine, Anselm, Bernard, and Bonaventure. It ends imperfectly in the *Elucidarium* of Honorius Augustodunensis.

G2: British Museum, Royal MS. 5. C. III.[2] This is a large composite
volume of 381 folios, 340 by 230 mm., in a modern binding, written in several
hands of the fifteenth century, mostly in double column. The section containing the *Speculum* is closely written in a heavily abbreviated script. The
spaces provided for rubrics have not been filled in, except for initial capitals
which are in blue with red flourishing. The MS. passed at the Reformation
into Cranmer's hands and thence to John Lord Lumley. It had formerly
belonged to a priest according to an inscription once at the end of the volume,
but now preserved only in Casley's *Catalogue*: 'Liber T. Eyburhale emptus

¹ *Catalogue of the Additional MSS. in the British Museum: Sloane MSS. 2268–
719*, pp. 436–8. For other notices see A. Wilmart, *Revue d'ascétique et de mystique*,
vii (1926), p. 24; M. Deanesly, *Incendium Amoris of Richard Rolle* (Manchester, 1915),
p. 3; E. J. F. Arnould, *Bulletin of the John Rylands Library*, 21 (1937), pp. 55–8.
² Warner and Gilson, *Catalogue of Western MSS.*, I, pp. 105–7.

a Iohanne Pye pro 27 .. 6*d*, Domino Henrico Mosie quondam scolari meo, si contingat eum presbyterari; aliter erit liber Domini Johannis Sory, sic quod non vendatur, sed transeat inter cognatos meos si fuerint aliqui inventi; sin autem ab uno presbytero ad alium.'[1] The MS. also contains copies of documents concerning Roger Freton, Dean of Chichester, dated 24 August, 1374, and 1 and 2 October, 1375.

The copy of the *Speculum*, ff. 317ᵛ–320ʳ, breaks off at the end of chapter 10, half-way down the first column on f. 320ʳ, and the rest of the leaf, including the verso, was originally left blank. The next article, written in the same hand, ends in the same way. Since it has no prologue or list of chapters, and the chapter-headings have not been supplied by the rubricator, Warner and Gilson failed to identify these chapters, referring to them simply as 'short homiletic paragraphs without titles'.

The compiler of this volume has brought together a curiously assorted collection of items, mostly in the form of excerpts from well-known works. It begins with what might be called philosophical works—a treatise on the art of learning, the *De Regimine Principum*, and extracts from Aristotle. The rest of the volume contains mainly theological and devotional items, including excerpts from the works of Grosseteste and Bonaventure, Rolle's *Incendium Amoris*, and an imperfect copy of Bernard's sermons on the Song of Songs. The last article, four letters of St. Jerome, also ends imperfectly.

H: Oxford, Bodleian Library, Rawlinson MS. B. 167 (S.C. 11536). This is a composite volume of 232 folios, in a modern binding, made up from sections written at different times from the fourteenth to the seventeenth centuries. The section containing the *Speculum* consists of two gatherings, 205 by 140 mm., written in two hands of the late fourteenth century, in single column. Initial capitals in the three articles in this section are alternately red and blue with red and purple decoration. Most of the chapter-headings are rubricated, though some spaces have not been filled in. A corrector has rectified most of the many scribal errors. The whole volume is heavily annotated in many hands, but there is no indication of provenance.

The *Speculum*, ff. 157ʳ–175ᵛ, has been carelessly copied, and although many mistakes have been corrected, the omissions are numerous and leave us with a poor text. Chapter-headings in the text are usually abbreviated forms of the normal headings. The other two items, written in a different hand, are the first book of the *De Anima*, and some meditations of St. Anselm. The other sections contain mainly historical works, including the legatine constitutions of the cardinals Otto and Ottobono and some English provincial constitutions. There is a genealogy of the families of the Count of St. Pol, Pierre de Luxembourg, and his wife.

J: Oxford, Bodleian Library, Bodley MS. 110 (S.C. 1963). This volume of 184 folios, 252 by 180 mm., in a modern binding, is made up of two originally

---

[1] D. Casley, *Catalogue of the MSS. of the King's Library* (1734), pp. 76–7. For John Pye, the London stationer, see A. N. L. Munby, *Transactions of the Cambridge Bibliographical Society*, i (1949–53), p. 281 n. 4.

distinct MSS., both written early in the fifteenth century, in single column. The *Speculum* is the first article in the second part, written in a neat hand. Initial capitals are in red and blue with blue and red flourishing. The text is punctuated by red paragraph signs and many capitals are touched with yellow. Chapter-headings are rubricated. There are many marginal notes throughout the codex.

This MS. was owned by the rector of the parish of Cliffe-at-Hoo, Kent, who bought it from the stationer whom we have already met in the case of Royal 5. C. III: a note on f. 1ʳ records the purchase from J. Pye, stationer of London, and gives the date as 10 August, 1463. Another note at the end, f. 182ᵛ, tells us that William Cleve,[1] lately rector of the church of Clyve, freely gave the volume to William Camyl, the chaplain of his chantry, and to Camyl's successors.

The text of the *Speculum*, ff. 36ʳ–57ᵛ, is poor in spite of the efforts of the corrector, who has supplied many omitted phrases. It introduces a collection of devotional and pastoral works, including a manual of theology in English, which was obviously designed for the use of the parochial clergy. The first section contains two apochryphal texts, the Gospel of Nicodemus and the letter of Pilate to Claudius. In the fifteenth century it contained the now missing *Memoriale* of William Wykeham.

K: British Museum, Additional MS. 16170.[2] This volume of 200 folios of paper and parchment, 223 by 147 mm., in a modern binding, is written in an untidy hand of the early fifteenth century in single column. Rubrication is haphazard. The exaggerated ascenders at the top of each page and many capitals are touched with red, and red is also used for initial capitals, underlining, and paragraph signs. There are many textual corrections, marginal notes, and glosses in English throughout the codex. It belonged to the parish church of Camden, Gloucestershire, according to an inscription on f. 200ʳ. The two fly-leaves, part of the original covers, are documents relating to Camden.

Once again the *Speculum*, ff. 2ʳ–28ʳ, introduces a collection of treatises, sermons, and notes compiled for priests. The poor standard of the copying and the roughness of the script suggest that it was painfully put together by a priest or cleric of small learning.

L: Cambridge, University Library, MS. Ff. 5. 36.[3] This volume of 265 folios, 243 by 153 mm., in a modern binding, is written in single column in a pleasing fifteenth-century hand. The whole has been well rubricated, and the fine initial capitals are in blue with red flourishing. Other capitals are frequently touched with red and paragraph signs are in blue. There are many marginal notes. An early sixteenth-century note on f. 264ᵛ, which is bracketed against a comment on charity, reads, 'per magistrum Cliner vicarium de

---

[1] On him see Emden, *Biog. Reg. of the Univ. of Oxford*, i. 437 f.

[2] *Catalogue of the Additional MSS. in the British Museum*, vol. 8, pp. 158–9.

[3] *Catalogue of the MSS. preserved in the Library of the University of Cambridge*, vol. 2, pp. 496–7; this gives the old foliation, which has since been corrected.

Croydon ad crucem Sancti Pauli sexto die februarii anno domino [*sic*] xv°
xviii°'.

The carefully corrected text of the *Speculum*, ff. 244ᵛ–261ᵛ, is very close to
Royal 7. A. I in many of its readings. In chapter 17, on the Pater Noster, the
words *purgatorio* and *noster papa* have been erased. The treatise is found in
familiar company: two works by Richard Rolle, Bonaventure's *Meditations
on the life of Christ*, the *Stimulus Amoris*, and the *Speculum Peccatoris*.

M: The next two copies, besides being very closely related, present a
distinctive version of the text. The scribe of M1 has at several points introduced into the text, or written in the margins, extracts from other works of a
similar nature. He must have had at hand a copy of the original recension, the
*Speculum Religiosorum*, from which he has often borrowed variant readings,
either to replace or to supplement the text of his *Speculum Ecclesie*. Some of
these variants are included in the text, others are placed in the margin. M2 is
clearly derived from M1 and may be a direct copy. The scribe has incorporated
all M1's marginal quotations and variants into the text, but elsewhere has
omitted two long interpolations, one from the end of chapter 3, and the other
from within chapter 29.

M1: York Minster, MS. XVI. K. 16.[1] This volume, 198 by 128 mm.,
in a modern binding, and foliated at intervals by Chancellor Harrison, is
written in single column in a large, well-formed hand of the fifteenth century.
Titles, chapter-headings, and marginal notes are written in the same hand as
the texts. Initial capitals are in red with blue flourishing. A list of inscriptions
on the last fly-leaf shows that the MS. belonged to a succession of priests in
the diocese of York. The first was John Appilton, vicar choral of York Minster,
bursar of the College of Vicars Choral from 1424 to 1426, and auditor in
1426. Next came Master Thomas Wencelugh, rector of Mydelton super
Waldam, who gave it to Robert Wod, parson. Finally it belonged to Robert
Garthom, chantry chaplain of Corpus Christi, Beverley.

Apart from its peculiar features already described, the text of the *Speculum*,
ff. 103ᵛ–146ᵛ, is good. It has only the first two lines of the English quatrain,
*Now goth the sun*, in chapter 23, a mutilated form which appears in four other
copies of this recension, M2, O, P, and Q. The *Speculum* is preceded by a set
of Lenten collations, according to the use of York, and the *Speculum Peccatoris*. It is followed by Peckham's Instruction for simple priests and one of
Richard Rolle's minor works.

M2: Cambridge, Emmanuel College, MS. I. 3. 1.[2] This volume of 141
folios, 205 by 131 mm., in a modern binding, is written in single column in
two fifteenth-century hands. Titles and chapter-headings are rubricated,
initial capitals are in red and other capitals are touched with yellow. There is

---

[1] There is no printed catalogue of the Library; the details, and a microfilm copy of
the *Speculum* were kindly supplied by the Librarian, Canon C. Cant, and his assistant,
Mr. C. B. L. Barr.

[2] M. R. James, *The Western MSS. in the Library of Emmanuel College*, p. 47 no.
54.

much underlining in red. Two notes in a fifteenth-century hand on f. 141ᵛ
give the name of the owner, Roger Ched, and the price of the volume, 12*d*.

The *Speculum*, ff. 114ʳ–141ᵛ, is the last article in the volume and begins
imperfectly in chapter 1. On f. 113ᵛ a later hand has added a note on St.
Edmund and supplied the beginning of chapter 1, though not the prologue
and list of chapters. He gives references to the 1654 and 1677 editions of La
Bigne's *Bibliotheca*.

N: London, Lambeth Palace, MS. 392.[1] This is a composite codex of 220
folios of paper and parchment, 223 by 153 mm., in a modern binding, written
in Latin and English in a great variety of hands, ranging from the late twelfth
to the late fifteenth century. The fifth section, ff. 132–47, contains only the
*Speculum*, written on paper, in single column, in an ugly, late-fifteenth-
century hand. Chapter-headings are not rubricated and the spaces for the
initial capitals are not filled in. The volume was put together by Archbishop
Sancroft. He included a section from Lanthony (ff. 116–31), but the other
pieces did not come from there.

The *Speculum* appears under the title, 'Tractatus Sancti Edmundi de
Pontiniaco qui dicitur Speculum Ecclesie in xxxta. capitula.' There is no
prologue or list of chapters. The text is corrupt in many places; the scribe
has made many alterations and corrections, with erasures and much crossing
out. It lacks the English quatrain and ends imperfectly in chapter 30 at the
foot of f. 147ᵛ, obviously through the loss of the last leaf of the section. The
only other part of the manuscript which originally went with the *Speculum* is a
collection of sermons in English for Advent to Easter (ff. 148–72). The two parts
are only a fragment, and there is nothing to show what the other contents were.

O: Oxford, Bodleian Library, Laud Misc. MS. 111 (S.C. 1550). This volume
of 189 folios, 192 by 140 mm., bound in vellum, is written in single column
in several neat fifteenth-century hands. Titles have been rubricated in the
same hand throughout the volume. Chapter-headings are not rubricated but
some initial capitals are in red. The MS. has been corrected and there are
marginal notes in many hands. Ff. iii and 189 are the original fly-leaves,
taken from a twelfth-century book of prayers for the divine office. A pencil-
note on f. 33ʳ, 'supprior hyll. [or Wyll?] Wodson', suggests a monastic provenance.

This copy of the *Speculum*, ff. 31ʳ–48ᵛ, is marred by many uncorrected
scribal errors, especially misreadings and omissions. It ends imperfectly
because of the loss of leaves after f. 48, in chapter 29. The catchword for the
next leaf is visible at the foot of f. 48ᵛ. Edmund's *Speculum* is preceded by
another treatise of the same title attributed to Hugh of St. Victor. It is followed by the *Fasciculus Morum* of the Franciscan, Robert Silk, and two of
Rolle's works.

P: Cambridge, University Library, MS. Hh. 4. 3.[2] This volume of 183 folios
of paper, 217 by 153 mm., in a modern binding, is written in single column

---

[1] M. R. James and C. J. Jenkins, *A Descriptive Catalogue of the MSS. in the Library
of Lambeth Palace*, part 4, pp. 540–2.          [2] *Catalogue*, vol. 3, pp. 286–9.

in a fifteenth-century hand. Titles and chapter-headings are either rubricated or underlined in red. Initial capitals are in red and there is much underlining in red throughout the codex. At the top of each page the scribe has written either the title or the appropriate chapter-heading of the text below. The whole is heavily annotated in the same hand as the texts.

The text of the *Speculum*, ff. 136ʳ–155ʳ, is fairly good although there are a number of uncorrected omissions. It shares some of the distinctive readings of the preceding text, O. The other contents indicate that the volume was compiled for monastic use. It begins with Eadmer's *De Similitudinibus* and five of Anselm's works, and includes meditations attributed to Grosseteste, and Hugh of St. Victor's Instruction for Novices. It ends with a letter of St. Macharius to certain monks.

Q: Cambridge, University Library, MS. Mm. 6. 17.[1] This volume of 144 folios (wanting ff. 78, 139–42), 220 by 160 mm., in a modern binding, is written in single column in a clear though inelegant hand of the fifteenth century. Titles and chapter-headings are rubricated and there are frequent paragraph signs. Only in the last article have the spaces for the initial capitals been filled in, in red. There are many marginal notes in several hands. A note on f. Iᵛ records the ownership of the book by one Richard Colyngburne.

The text of the *Speculum*, ff. 13ʳ–34ʳ, is poor, marred by many omissions. It is linked in some of its readings to O, P, and T.

R: Cambridge, Magdalene College, MS. F. 4. 14.[2] This composite codex of 129 folios, 250 by 180 mm., in a modern binding, is made up of four sections, all written in the fifteenth century. The first section, ff. 1–55, which contains the *Speculum*, is written in single column in one hand. Chapter-headings are rubricated and initial capitals are in blue with red flourishing. Other capitals are often touched with red. This section has been corrected zealously but not always happily. There are many interlinear glosses in Latin and English. The fourth section, legends and lives of the saints, may have come from Flanders, but there is no indication of provenance.

The text of the *Speculum*, ff. 41ʳ–55ᵛ, which has been much corrected and glossed, is fairly good. It is associated with a rule for layfolk, devotional works attributed to St. Bernard and Richard Rolle, and the *Visio de spiritu Guidonis*.

S: Oxford, Magdalen College, MS. 72.[3] This composite volume of 192 folios, 210 by 140 mm., in its original binding of leather over boards, is made up of two sections, both written in the same fifteenth-century hand, in single column but with different rulings in the two parts. Titles and chapter-headings are rubricated in the same style in both sections. Initial capitals are in blue with red flourishing, and other capitals are touched with red.

---

[1] Ibid., vol. 4, pp. 393–4; the foliation of the volume has recently been revised.

[2] M. R. James, *The MSS. in the Library of Magdalene College, Cambridge*, pp. 37–40, no. 14.

[3] H. O. Coxe, *Catalogue of the MSS. in the Oxford Colleges*, II, pp. 41–2. Coxe's foliation has since been corrected by Mr. Ker.

The second part contains an interesting text of the *Speculum*, ff. 118ʳ–144ʳ.
It is quite often related to G in its variants, but it has some distinctive features
of its own. In particular, chapters 12 to 15 have been rearranged to bring
chapter 15, on the cardinal virtues, directly after chapter 12 on the theological
virtues. At the end of the chapter on the sacraments, here chapter 15, a long
passage has been added on the sacrament of the last anointing, together with
a refutation of certain popular errors concerning the sacrament. A large
portion of chapter 29 has been accidentally omitted: the length of the omission, 234 words, and the fact that no attempt has been made to conceal the
resulting unintelligibility of the text at this point, suggest that the scribe
missed out a full page of his exemplar. The translation into English printed
by Wynkyn de Worde has the first two distinctive features, but not the
omission.[1]

The first section of the volume is an unfinished copy of a chronicle of English
history. The second part begins with the *Speculum* which is followed by
several theological items, including two tracts on the art of dying well, one
attributed to Richard Rolle, and some meditations of St. Anselm.

T: Cambridge, Fitzwilliam Museum, MS. 356.[2] This volume of 241 folios
of paper, 210 by 135 mm., in its original binding of vellum over boards, is
written in single column in a fifteenth-century hand. There are no rubrics, but
initial capitals are in blue, and red is used for paragraph signs. The whole has
been corrected in another hand.

The *Speculum*, ff. 1ʳ–20ᵛ, is a somewhat careless copy, though many of its
mistakes and omissions have been corrected. It is the first article in a typical
monastic collection of theological and devotional items, amongst them
Grosseteste's treatise on purgatory, three of Rolle's works, and meditations
attributed to Bernard and Bonaventure.

The basis of my edition of this recension is the excellent copy in the
B. M. Royal MS. 7. A. I. In very few places has it been necessary to
turn to the other copies of the recension to establish the text or make
good an omission. In collating the seventeen copies I recorded a vast
number of alternative readings which, where they are not the result of
scribal error, add nothing of value to the basic text.[3] Only if some well
defined and consistent groups had appeared in the collation would it
have been worth giving these variants in the critical apparatus, as
evidence of well-established traditions. In their absence, and since it is

---

[1] *The Myrour of the Chyrche made by Saynt Austyn of Abyndon* [*sic*], printed by
W. de Worde, possibly with the assistance of R. Copeland, 1st ed., London, 1521; 2nd
ed., London, 1527.

[2] Described by F. Wormald and P. M. Giles, 'A Handlist of the Additional MSS. in
the Fitzwilliam Museum', *Transactions of the Cambridge Bibliographical Society*, i
(1949–53), pp. 367–8.

[3] Excluded from the collation are the extracts from chapters 1–5, 16–18, 20, 28–9
of the *Speculum* in B. M. Harley MS. 106, ff. 345ʳ–347ʳ. The compiler has contracted
the normal text and introduced a few additions.

impossible to say now which of these copies is nearest to the original translation from the *Merure*, I have given variants only where the basic text is open to query, or where they have some special interest of their own.

## 3. THE EARLY PRINTED EDITIONS OF *SPECULUM ECCLESIE*

(i) The vulgate Latin text of Edmund's treatise was printed first in Paris, in 1519, by the humanist printer Josse Badius, assisted by Jean du Pré.[1] A copy of this little book, in 8°, ff. 24, and set in Gothic type, is preserved in the Réserve des imprimés of the Bibliothèque nationale in Paris, Rés. D. 16033 (i). Badius gives no indication of the MS. source of his text, nor whether he found the title in his source or supplied it himself. It refers to Edmund as *magister* as well as archbishop, and notes that his body, still incorrupt, lies at the Cistercian abbey of Pontigny. The book is said to have been written at the humble supplication of the monks, and to be necessary for all religious, priests, clerics, and all other Christians. The text begins with the usual prologue and list of chapters. Collation of this edition with the MSS. suggests that Badius used a single, poor copy of the text.

(ii) Although he does not acknowledge his source, it is this text which M. de la Bigne took for the second edition of his collection, *Sacrae Bibliothecae Sanctorum Patrum*.[2] The only changes he made to Badius's text were to shorten the long title and omit the list of chapters. It appeared in volume V of the second edition, published in Paris, 1589 (coll. 1425–52), and thereafter remained, unchanged, in all the subsequent editions of the *Bibliotheca*.[3]

## 4. NOTE ON THE TEXTUAL HISTORY OF THE *SPECULUM*

When at length it is possible to compare these two Latin recensions, the original and the vulgate texts, with the forthcoming edition of two French recensions of the *Merure*, we may be able to understand a little better the relationship between the original Latin *Speculum* and the vernacular French version. At present the textual history of the treatise is perplexing. No copy of a Latin text, including the original version, is earlier than the second half of the fourteenth century, over a hundred years

---

[1] See Ph. Renouard, *Bibliographie des impressions et des œuvres de Josse Badius Ascensius, imprimeur et humaniste*, t. 2 (Paris, 1908), p. 412.

[2] For his methods of work see P. L. Piolin, *Notice sur Marguerin de la Bigne* (Caen, 1870), pp. 41–2.

[3] 3rd ed. (Paris, 1610), V, coll. 981–1004; 4th ed. (Cologne, 1618), XIII, pp. 355–66; 5th. ed (Paris, 1654), V, coll. 765–88; 6th ed. (Lyons, 1677), XXV, pp. 316–27.

after Edmund's death. On the other hand, the twenty-two MSS. in which the *Merure* survives are all earlier than *c.* 1350, and six or seven can be dated to the last quarter of the thirteenth century. Even here there is a strange gap in transmission, for the treatise must almost certainly have been written before Edmund became archbishop in 1234, and its teaching on the virtues suggests a date before the 1220s.

At present the manuscript evidence suggests that Edmund's treatise had little circulation in the first fifty years after its composition. Then in a French translation it enjoyed some popularity in the late thirteenth and early fourteenth centuries. After this, somewhere about the middle of the fourteenth century, when French was declining as a vernacular in England (a decline well illustrated in the corrupt fourteenth-century copies of the *Merure*), there was a revival of interest in the *Speculum*, in its original Latin form. This renewed interest, and the demand for copies of the treatise, must be measured by the fact that by the end of the fourteenth century the *Merure* had been translated into Latin no less than three times. Then in a final burst of popularity in the fifteenth century both Latin and French texts were translated many times into English. The survival of the Latin text between about 1220 and 1350 presents a problem. Somewhere, and possibly in the interesting library of the Augustinian Priory of St. Thomas near Stafford, at least one copy survived, so that, when the treatise was in great demand, the original text was copied and saved from oblivion. If only it were possible to trace the copy of the *Speculum Religiosorum* which once belonged to St. Pantaleon, Cologne, as de Visch records;[1] or to know more about the thirteenth-century canons of St. Thomas and their library; or better still to discover the precise date and authorship of the French version, then we might hope to account for the strange void out of which the *Speculum Religiosorum* emerges over a century after the death of its author.

5. EDITORIAL METHOD

In editing both versions I have retained the characteristic medieval forms of spelling used by the scribes of my two basic texts. Where they use two forms for a single word, as *sed* and *set*, *sicut* and *sicud*, I retain only the commonest form. In words like *perfectio* I have abandoned the

---

[1] The then abbot of Pontigny, in a letter dated 15 Dec. 1647, told Charles de Visch of the existence of this treatise by Edmund, giving its title and *incipit*, and mentioning that there had been a copy at St. Pantaleon, Cologne, according to the evidence of Bunderius: Ch. de Visch, *Bibliotheca Scriptorum S. O. Cisterciensis*, 2nd ed. (Cologne, 1656), p. 89. This reference is included in P. Lehmann's reconstruction of the 'Bibliotheca manuscriptorum Belgii, Germaniae et Galliae', compiled by Wilhelmus Carnificis (d. 1525) and Joannes Bunderius (d. 1557), in *Erforschung des Mittelalters*, 1 (Leipzig, 1941), p. 332.

spelling *cc*, for in many cases it is not at all clear that the scribe did in fact write *cc* and not *ct*. The scribe of Royal 7. A. I consistently uses *w* in the medial position before a vowel in place of *u* or *v*, as in *sangwis*, *lingwa*, *ewangelium*. Perhaps in altering this, and in distinguishing elsewhere between *u* and *v*, I am being as inconsistent as any medieval scribe, but the aim has been to produce a readable text and the undifferentiated *u* can be something of a hurdle to the modern reader of a Latin text. For the same reason, and for ease of reference, I have divided the text into numbered sections.

As with spelling, so also with corrections to the basic texts: it is difficult to be consistent. Obvious spelling mistakes and minor scribal slips I correct without comment, nor do I record the corrections made by the scribes themselves in the course of their work or by the correctors afterwards. But where I have had to make good the omission of a word or phrase I note the fact of the omission, and, if there is no general agreement on the reading in the other MSS. of the recension, refer to the source whence I have made it good. Where it is clear that something is missing from the text as it has come down to us (as in sections 3, 87, 114), the emendations are inserted in brackets, ⟨ ⟩.

The *apparatus fontium* follows the textual, and here will be found references to Edmund's sources. To avoid unnecessary duplication in these notes I have confined the references, where they apply to both recensions, to the left-hand page.

# II. STRUCTURE, DOCTRINE, AND SOURCES

THE first two chapters of the *Mirror* serve as an introduction to the rest of the treatise. In them Edmund reminds the religious that he has been called to live perfectly, and that this perfection lies in living honourably, amicably, and humbly. Edmund's concern is with the first part of this definition, the living honourably to God. He only takes up the second and third parts again, and that very briefly, in the last chapter. Living honourably to God, he says, means doing his will in everything, a vague enough recommendation which he makes more explicit in St. Paul's words, 'The will of God is your sanctification' (1 Thess. iv. 3). The purpose of the rest of the treatise is to show how the religious may become holy through daily prayer and reflection.

The references in some MSS. to the *Speculum* as a treatise on contemplation are perfectly accurate, though perhaps misleading to a modern reader for whom the word contemplation tends to have a restricted meaning. But when Edmund was writing, the words meditation, contemplation, and consideration were used interchangeably to describe a number of spiritual exercises—meditative reading, prayerful reflection, the interior prayer of devotion, the set meditation on a theme or event in Christ's life, and the forms of prayer which later writers would call acquired and infused contemplation.

Edmund's ascetical programme of prayer begins with an instruction on the acquisition of true self-knowledge through frequent examination of conscience. This basic exercise of the spiritual life here takes the form of a consideration or meditation (Edmund uses both terms) ranging over the miseries of the human condition and the gifts of God. From self-knowledge gained in meditation the religious should proceed to the knowledge of God acquired through 'divine contemplation'. This contemplation is threefold: 'The first is in creatures, the second in the scriptures, the third in God himself, in his own nature.'

The first degree is expounded in a single, closely-knit chapter on the divine attributes which are reflected in the created world; the wisdom of God, for example, appropriated to the Son, is reflected in the orderly gradation of the hierarchy of beings, from insentient stones to men and angels. The second degree, which is expressly designed to help the religious in his tropological reading of the Bible,[1] is worked out in Chapters 6 to 16 (*SE*, cc. 7–17), the so-called didactic section. The third degree, the contemplation of the divine nature in itself, is divided into two parts: a series of meditations on the mysteries of Christ's life, death, and resurrection, to be made before the canonical Hours (cc. 17–24, *SE*, cc. 19–26); and points for prayerful, reasoned reflection on the divinity. These four chapters, 25 to 28 (*SE*, cc. 27–8), present academic theological reflections rather than devotional aids to prayer. More direct and inspiring teaching on prayer comes in the very interesting penultimate chapter, 'On the three degrees of contemplation'. The goal of the ascetical life is here seen as an intimate personal union of the soul with God in a prayer which strives to rise above all bodily forms and images, and beyond the limits of human reason, a prayer which we would now call mystical prayer.

The last chapter, taking up the rest of the initial definition of living perfectly, offers trenchant advice on how to be friendly, lovable, and humble in community.

This brief outline of the teaching of Edmund's *Mirror* has probably already suggested that the treatise is not at all an original work, in the sense of presenting a new approach to the monastic life of prayer. Edmund's spiritual exercises are thoroughly traditional and he quite deliberately relates his treatment of them to the expositions of acknowledged authorities. Thus he begins by taking for his opening text the words of St. Paul (twisted out of their context it must be said), 'Consider your call' (1 Cor. i. 26), which to his monastic readers would have been familiar as the *incipit* of an ancient monastic homily, then commonly attributed to Eusebius of Emesa.[2] Edmund indeed refers to Eusebius later in the chapter.

For the definition of perfect living in chapter 2 Edmund borrows from another famous authority, St. Bernard. The quotation, as we have seen, is correctly ascribed, but it has been changed from its original form in one of Bernard's sermons, from 'I think that you, who are in a religious congregation, live well if you live in an orderly, sociable, and humble way', to 'To live perfectly is to live honourably, amicably, and humbly'.[3] He quotes Bernard again explicitly on two other occasions and borrows,

[1] Tropology is the extraction of moral teaching from a scripture text: for the tropological study of the Bible see below, p. 21.

[2] See É. M. Buytaert, *Eusèbe d'Émèse, Discours conservés en latin*, I (Spic. sac. Lov., fasc. 26, Louvain, 1953), pp. xii–xiv; B. Altaner and A Stuiber, *Patrology* (Herder, 1966), pp. 224, 473; and below, p. 32, for a note on the whole collection of homilies edited under the name of Eusebius 'Gallicanus'.

[3] For a discussion of this quotation and Edmund's version of it see above, p. 6.

without acknowledgement, Bernard's description of the experience of mystical prayer for his own account of it in chapter 29. He refers also to the other two great authorities, Augustine and Gregory, in the course of the treatise, but does not name Gregory as the source of his teaching in chapter 29, where he almost literally transcribes some famous passages from Gregory's *Moralities on the Book of Job* and his *Homilies on Ezechiel*. His chief authority, apart from the scriptures, is Hugh of St. Victor, whose name is never mentioned. Edmund is indebted to Hugh not merely for the broad outline of his teaching on meditation and contemplation,[1] but even for precise details and almost word-for-word borrowings in his exposition of the various spiritual exercises of the *Speculum*.

The *apparatus fontium* accompanying the present edition provides ample documentation of the nature of Edmund's indebtedness to Hugh. Sometimes it is a question of a direct quotation or a paraphrase; more often it is a question of a remarkable similarity of ideas and phraseology. Thus the preliminary exercise to gain self-knowledge and knowledge of God is the same exercise as Hugh's *Meditatio in moribus*, the first degree of his threefold scheme of meditation, described in many places in his writings.[2] Hugonian expressions and teaching can be found in all three parts of this initial exercise in Edmund's version of it, and the second part, on the gifts of God, is closely modelled on Hugh's *De Arrha Animae*.[3]

The second exercise in the *Speculum* is the contemplation of God in creatures, and in Edmund's scheme of contemplation this is the first degree. It corresponds with Hugh's second degree of meditation, the *meditatio in creaturis*, which he defines fully in *De Arca Morali*,[4] and *De tribus diebus*.[5] Edmund combines ideas from these two treatises in his own shorter version of the meditation.

In view of the close relationship between the first two degrees of Hugh's meditation and chapters 3 to 5 of the *Speculum*, the first two exercises in Edmund's programme, it is not surprising to find that chapters 6 to 17, his third spiritual exercise, take up and develop the third degree of Hugh's meditation, the *meditatio in scripturis*. In

---

[1] This dependence has already been pointed out by Professor Lawrence in 'Edmund of Abingdon', *The Month*, ccxv (1963), pp. 213–29, and E. Colledge, *The Medieval Mystics of England* (London, 1962), pp. 50–2.

[2] Notably in *De Meditando*, ed. R. Baron, *Six Opuscules spirituels* (Paris, 1969), p. 44; *PL* 176, col. 993; *De Modo Orandi*, *PL* 176, col. 977; *De Institutione Novitiorum*, ibid., coll. 927–34.

[3] Ibid., coll. 960–8.

[4] Ibid., coll. 637–8.

[5] Appended as Lib. 7 to Migne's edition of *Didascalion*, ibid., coll. 811–13.

*De Meditando* he describes this kind of meditation as the tropological reading of the scriptures in these words:[1]

Meditation considers what fruit the words offer, what they suggest should be done and what they teach us to avoid, and what they contain for our betterment. It considers how they exhort us or console us; induce fear or illumine our minds in the understanding of virtue; nourish affections and teach us a rule of life in the way of virtue.

Elsewhere, in his instruction for novices, Hugh presents the meditation as one of the means whereby the religious comes to know what pertains to an ordered life,[2] and he urges the novice to read the scriptures in this way, taking note of whatever may incite in him 'the love of God, contempt of the world, wariness of the enemy's snares; whatever may foster good affections and quench evil desires; whatever may more quickly inflame your heart with the ardour of compunction'.[3] Edmund uses almost the same words in the introductory chapter to his own *contemplacio in scripturis*:[4]

And when you have heard something from the scriptures in an ordinary sermon, or in a special conference, or in conversation, immediately pay heed and weigh more attentively what can be of benefit to you for your salvation, for good living, for the hatred of vices, the acquisition of virtues, the fear of hell, the desire and the love of heavenly things, the contempt of the world and the attainment of eternal life; what you are to do, what you are to fly from; what is to be retained; what may enlighten the understanding towards the knowledge of truth; what may inflame the affections to love and lead the soul to good action.

Throughout the next ten chapters, those chapters which have puzzled modern readers because of their resemblance to catechetical tracts, he continues to borrow freely from Hugh's writings, especially from *De Quinque Septenis*,[5] and the first two books of *De Sacramentis*.[6]

There is no exact parallel to Edmund's *contemplacio in deitate* in Hugh's scheme of meditation, but the basic structure of the contemplation reflects an idea in *De Sacramentis*: that the contemplation of the Humanity of Christ should prepare the way for the contemplation of the divine nature in itself.[7] In both parts of Edmund's contemplation the theological reflections clearly depend directly on *De Sacramentis*. The first part, a set of fourteen short meditations on the life of Christ, shows

---

[1] Ibid., col. 994.
[2] Ibid., col. 927.        [3] Ibid., coll. 933–4.
[4] See below *SR*, c. 6 (25). In this passage Edmund is replying to the complaint of an illiterate religious that he cannot attain to this degree of contemplation.
[5] *PL* 175, coll. 405–10, Baron, pp. 100–19.
[6] *PL* 176, coll. 352–527.        [7] *De Sac.* 1 (6), c. 5, ibid., coll. 266–7.

Edmund's familiarity with monastic spirituality. The custom of attach-
ing events or aspects of the life of Christ to each of the seven canonical
hours already had a long history behind it when Edmund wrote his
version.[1] He both simplified and enriched the practice: simplified it by
reducing the number of mysteries to be considered to two for each hour,
one on the passion, and one on some other mystery of Christ's life; and
enriched it through his sober approach to scripture and the tenderness
of his devotion to the Humanity of Christ. In this we may rightly detect
the influence of the early Victorines on the one hand, and of the Cister-
cians on the other.

The second part of the contemplation is the most academic and theological section of the treatise. Here the verbal dependence on *De Sacramentis* becomes most strongly pronounced. Although described as a
contemplation, these chapters are not at all what a modern reader might
expect—instruction on contemplative prayer in the narrow sense of the
word. They set out to discuss, in scholastic terminology, the rational
proofs for the existence of God, the unity of the divine nature, and the
'necessity' for a trinity of divine Persons. For the last point Edmund
seems to have used, with some adaptation, Richard of St. Victor's
arguments in his *De Trinitate*.[2] The section concludes with an explanation of the traditional appropriations of the divine attributes, followed
by a passage which sums up the purpose of the preceding spiritual
exercises: they nourish the life of faith, hope, and charity, and they
provide the foundation for contemplative prayer. This is the subject of
chapter 29.

Edmund begins by explaining how the soul should prepare herself for
what later writers would call mystical prayer, and he speaks briefly of
the overwhelming and ineffable experience of mystical union with God
which may, at God's good pleasure, crown the soul's efforts. The instruction in the method to be used is derived directly from Gregory the
Great's exposition in the fifth book of his *Moralities on the book of Job*,[3]
and in two homilies in the second book of his commentary on Ezechiel.[4]
Here are the opening words of chapter 29:[5]

The soul often strives, with all her strength, to contemplate God in his own
nature; but struck back by his spiritual radiance, she is unable to achieve

---

[1] See my article, under the name M. M. Philomena, 'St. Edmund of Abingdon's
Meditations before the canonical Hours', *Ephemerides liturgicae*, lxxviii (1964), pp.
35–57.
[2] *De Trinitate*, II, cc. 15–19, ed. J. Ribaillier (Paris, 1958), pp. 107–32; *PL* 196,
coll. 909–12.          [3] *Moralia*, v, c. 33 (58), *PL* 75, col. 711.
[4] *In Ezech.* II, 2 (12) and 5 (8–11), *PL* 76, coll. 955, 989–91.
[5] See below, *SR*, c. 29 (127).

the goal of her efforts. Returning into herself she there makes certain steps by means of which she may be able to ascend to the contemplation of the highest.

And now St. Gregory on the same theme:[1]

For we often desire to consider the invisible nature of almighty God, but we are quite unable to do so, and the soul, exhausted by the difficulties, returns into herself. She makes out of herself ascending steps, so that, if she can, she first considers her own nature and then explores, as far as in her lies, the nature which is above her.

In the original Latin versions of both passages the likeness is even more striking.

At the end of this chapter, when he refers again to mystical union, and suggests that he himself may have experienced its delights, he uses words almost identical with those of St. Bernard on the same theme. Edmund writes that no one can know the sweetness and delight of the secrets of God revealed in this mystical prayer save him who has tasted them. He continues:[2]

Indeed, if you want to be taught how to attain to this knowledge, there is no one who could teach or expound it. And if I, a wretched sinner, have experienced it, I am unable to speak of such things. How could I put into words what I cannot conceive of in my heart? These things are as profound and secret as they are ineffable. And so I dare not presume to speak of such things: they are not taught by the tongue of man but solely by the grace of God.

Bernard, in one of his sermons on the Canticle of Canticles, answers someone who asks him what the words 'to enjoy the Word' mean, by referring him to the man who has experienced this joy, and he adds:[3]

Even though it were given to me to have had this experience, how can you think it possible that I should explain that which is incapable of being put into words? . . . It has been permitted to me to have had that experience; it is not at all permitted to me to express it in speech. . . . O thou who art full of curiosity to know what it is to enjoy the Word, prepare thy mind for that, not thy ear. The tongue cannot teach it, it is taught only by grace.

Chapter 29 is clearly the climax of Edmund's treatise and it might fittingly have ended there. But there remained the rest of the definition of perfect living—to live amicably and humbly. These he explains very

---

[1] *In Ezech.* II, 5 (8), *PL* 76, col. 989.
[2] See below, *SR*, c. 29 (134).
[3] *Sermo 85* (14), *Opera S. Bernardi*, Leclercq, II, p. 316; *PL* 183, col. 1194; the translation above is from C. Butler, *Western Mysticism*, 1st ed. (1922), pp. 166–7.

briefly in the final chapter where, once again, the influence of Hugh of St. Victor is apparent.

In conclusion it may be asserted that the *Speculum* of St. Edmund of Abingdon is a skilful *summa* of Hugh's teaching on the life of meditation and contemplation which should be the ideal of the religious. Edmund has drawn together and systematized advice and instruction scattered in many places in Hugh's ascetical and theological writings. This fact clears up the mystery of the original form of the treatise, a mystery arising from a superficial resemblance between Edmund's contemplation of God in the scriptures and thirteenth-century didactic manuals. For Hugh, as for Edmund, the tropological reading of the scriptures is an integral part of the life of meditation, and the consideration of the virtues and vices, the commandments and the sacraments, even at an elementary level, is judged as necessary for religious as for lay people and parish priests. There can be no doubt that Edmund's *Speculum* has come down to us in its original form, as a *Mirror for Religious*, and that to reject the so-called didactic chapters would be to mutilate the text, upsetting its whole framework and its inner unity.[1]

---

[1] The contents of cc. 7–17 are intimately linked in countless ways with the rest of the treatise, over and above the fact that the theology in them is thoroughly Hugonian.

# SPECULUM RELIGIOSORUM
# SANCTI EDMUNDI ABENDONENSIS

## CUM RECENSIONE VULGATA ET RECENTIORI
### QUAE VOCATUR
# SPECULUM ECCLESIE

# SIGLA USED IN THE EDITION

*Speculum Religiosorum* (*SR*)

A  Hatton 26
B  Douai 396
C  readings common to the following texts:

> C1  Harley 5441
> C2  Dublin E. I. 29
> C3  Harley 3490

D  Royal 5. A. VI

*Speculum Ecclesie* (*SE*)

E  Royal 7. A. I
F  Ashmole 751
G  readings common to the following texts:

> G1  Sloane 2275
> G2  Royal 5. C. III

H  Rawlinson B. 167
J  Bodley 110
K  B.M. Add. 16170
L  C.U.L. Ff. 5. 36
M  readings common to the following texts:

> M1  York Minster XVI. K. 16
> M2  Cam. Emmanuel I. 3. 1

N  Lambeth Palace 392
O  Laud Misc. 111
P  C.U.L. Hh. 4. 3
Q  C.U.L. Mm. 6. 17
R  Cam. Madgalene F. 4. 14
S  Oxf. Magdalen 72
T  Cam. Fitzwilliam 356

Ba  *SE* printed by Josse Badius
Bi  *SE* printed by M. de la Bigne

Bibliographical details of works cited in the *app. fontium* will be found in the Index of citations.

# SPECULUM RELIGIOSORUM

In nomine Domini nostri Iesu Christi. Incipiunt capitula libri sequentis, sive materie que tanguntur in sequentibus, tam breviter quam faciliter et inculte causa vitandi curiositatem verborum, ne ⟨quis⟩ dimittat sensus interiores sentenciarum pro curiositate locucionis.　　　　　　5

---

　　1 *Tit. ut in prol. in* C *hic supplevi*　　　　2 *Prol. cum tabula sequenti* B, *om.* A; Incipiunt capitula libri sequentis qui dicitur Speculum Religiosorum compositi a beato Edmundo Cantuariensi Archiepiscopo apud Pontiniacum quiescente C　　　4 ⟨quis⟩ *supplevi*　　　6 quisque C, *om.* B　　　　13 De vii peccatis et eorum speciebus C
14 *Hic cum tit. 9 et 11 fusus est* D: De vii virtutibus Spiritus Sancti et eorum [*sic*] sufficiencia, scil. fide, spe, caritate, prudencia, justicia, fortitudine et temperancia.
15 donis: dotibus C　　　16 *Tit. om.* C2C3　　　19 12 *om.* C　　　20 cardinalibus C, *om.* B　　　21 6: vii CD　　　22 contentis C, *om.* B

Incipit liber Sancti Edmundi Confessoris qui nuncupatur

# SPECULUM ECCLESIE

In nomine dulcissimi Domini nostri Iesu Christi. Hic incipiunt materie
que tanguntur in sermone sequente, ruditer dictato ad evitandum
5 curiositatem, ne quis dimittat sanctitatem interiorem propter curiosam
loquelam exteriorem. Et materie sunt iste:

1-2 *Tit. om.* GHJKRS; Incipit liber qui nuncupatur Speculum Sancti Edmundi L;
Incipit tractatus Sancti Edmundi de Pontiniaco qui dicitur Speculum Ecclesie in xxxᵃ
capitulis N; Incipit liber magistri Edmundi archiepiscopi Cantuariensis iam quiescen-
tis incorrupto et integro adhuc corpore in abbatia Pontiniacensi ordinis Cisterciensis
quem composuit ad humilem supplicationem monachorum predicti monasterii, omnibus religiosis, sacerdotibus, clericis atque cunctis Christianis summe necessarius Ba;
S. Edmundi Theologi Parisiensis, et Cantuariensis Archiepiscopi, ad Cistercienses
Pontiniacensis Monasterii Monachos, Libellus qui dicitur Speculum Ecclesie, Christianis omnibus utilis apprime et necessarius Bi     1-p. 33, l. 6 *caret* M2     3 *Prol.*
*cum tabula sequenti om.* GN;     Christi: incipiunt capitula libri sequentis simplici
stilo dictati ad evitandum curiositatem et ne quid dimittat interiorem sanctitatem BaBi,
*sed tabula om.* Bi     5-6 sanctitatem . . . exteriorem: sanctitatem propter curiositatem loquele M1     18 Dei *om.* EJK; dominicis L     19 vel amore *om.* LS;
amore et de humilitate PR     et: similiter de *add.* FM1OQT     20 cap. 12: *hic*
*sequitur tit. cap. 15* S     22 sacramentis: ecclesie *add.* HM1RS

---

1 Cap. 17: 18 C *et capitula usque ad c. 23 incorrecte notata sunt*        8 *Tit. om.* C
12 Deus C, *om.* B        13–14 et qualiter . . . fine C, *om.* B        14 qualiter: quare C
17 prima Persona C, *om.* B        19 potencia: potestas D        20 attribuantur:
appropriatur CD        22 honorabiliter C, *om.* B, *sed lacunam reliquit*; ordinaliter D
23 Hec tria totus sermo complectitur CD, et sic terminatur *add.* C

De 7 precibus, *Pater noster*, et quomodo debet homo orare.     Cap. 17
De 7 dotibus in corpore et 7 in anima, et de penis infernalibus
   in corpore et anima.                                     Cap. 18
De contemplacione Dei in sua Humanitate.                        Cap. 19
5 De nativitate Iesu Christi et de eius capcione ad matutinas.   Cap. 20
De resurrectione et illusione ad primam.                        Cap. 21
De missione et adventu Spiritus Sancti et de flagellacione
   Christi ad terciam.                                     Cap. 22
De incarnacione et crucifixione ad sextam vel meridiem.         Cap. 23
10 De morte Iesu Christi et de eius ascensione ad nonam.         Cap. 24
De cena Domini et de deposicione Iesu de cruce ad vesperas.     Cap. 25
De sudore sanguineo et de sepultura Domini ad comple-
   torium.                                                 Cap. 26
De contemplacione Dei quantum ad suam Deitatem: primo,
15   qualiter Deus noluit se ex toto monstrare nec ex toto celare,
   et quot modis se primo monstravit homini; et quomodo
   homo primo venit in cognicionem Dei; et qualiter Deus
   est sine principio et sine fine; et quare Deus vocatur Deus.   Cap. 27
Quomodo Deus est unus in substancia et trinus in persona,
20   et quare prima Persona vocatur Pater, secunda Filius, tercia
   Spiritus Sanctus; et quare potestas appropriatur Patri,
   sapiencia Filio, bonitas et amor Deo Spiritui Sancto.         Cap. 28
De tribus gradibus contemplacionis.                             Cap. 29
Quid est vivere honorabiliter, amicabiliter et humiliter.
25            Capitulum 30 et ultimum.
        Quibus habitis finitur liber iste et sermo.

---

1 precibus: peticionibus FHJKLM1PQRS; in *add.* JK    *Pater noster*: oracionis
dominice FHM1PQRST        12 sanguineo: sanguinolento FHM1OQRT; san-
guinolentico P        17 cognicionem: sui *add.* FHM1OPQRT        19 personis
FHJKM1OPQRST        21 et quare: et similiter quomodo FHM1PQRST        25 et
ultimum *om.* FHLM1OPQRST        26 Quibus . . . sermo *om.* HLPRS

## Qualiter quisque religiosus statum suum tenetur observare
## Capitulum 1

1. *Videte vocacionem vestram.* Verbum hoc Apostoli precipue competit religiosis, quod ipsos excitat ad vite perfectionem per crebram sui consideracionem. Quociens meipsum considero ex una parte multum 5 gaudeo, ex alia vero multum doleo. Gaudeo plane pro sancta religione; doleo pro mea debili et imperfecta conversacione. Nec est mirum: dicit enim beatus Eusebius in quodam sermone, 'Religionem intrare summe perfectionis est; imperfecte in ea vivere summe dampnacionis est.'

2. Unde religioso summe necessarium est vivere perfecte, id est, ad 10 viam et formam perfectionis tendere. Cum ergo consilio Domini religionem ingrediens adhesisti, illud ne deseras si salutem tuam desideras, sed ex toto mundum relinque et quicquid ad eum pertinet, et totum appone conatum summamque diligenciam ut perfecte vivas.

## Quid est perfecte vivere et que est voluntas Dei                    15
## Capitulum 2

3. Perfecte quidem vivere est, ut ait beatus Bernardus, vivere honorabiliter, amicabiliter et humiliter. ⟨Humiliter quoad teipsum; amicabiliter quoad proximum;⟩ honorabiliter quoad Deum, ut voluntatem eius tota intencione faciamus. Hoc est ut quecumque cogitamus, 20

---

¹ *Hic incipit* A    2 *capitulorum numeri in marg. extant* A, *quorum plures mutilati vel perditi sunt.*    4 quod ipsos: per quod ipsos BC    8 intrare: ingredi BCD    9 in ea *om.* AC    11 viam: vitam B    12–13 si . . . desideras *om.* A    17 beatus: pater noster *add.* C    18 honorabiliter: ordinaliter D; honorabiliter . . . humiliter *om.* B    18–19 ⟨Humiliter . . . proximum⟩ *supplevi*    19 honorabiliter: *om.* C; ordinaliter D

---

3 I Cor. i. 26. This is also the *incipit* of the sermon Edmund quotes in this chapter, *Homilia ix* in a collection of homilies *ad monachos* which formed part of a larger collection of homilies, then commonly attributed to Eusebius Gallicanus: see the edition by F. Glorie, *Eusebius 'Gallicanus', Collectio Homiliarum*, c. xviii, hom. 44, ad monachos ix, *Corpus Christianorum*, 101 A (1971) pp. 522–30. See also La Bigne's *Bibliotheca*, v, 1 (Cologne, 1618), pp. 550–1. The same homily is found in some collections of sermons by Caesarius of Arles as *homilia x ad monachos*: see *PL* 67, coll. 1067–9, and G. Morin, *Sancti Caesarii Arelatensis Sermones*, *CC* 103–4, pp. xxxi–iii, 990. It is printed a second time by Migne among the works of Eucher of Lyons, *PL* 50, coll. 855–6.

8–9 Cf. *Hom. ix*: 'Venire quidem ad eremum, summa perfectio est; non perfecte in eremo vivere, summa damnatio est.' *CC* 101 A, p. 522.

17–19 Cf. Bernardus, *Serm. I in sollemnitate Apostolorum Petri et Pauli*, 'Arbitror autem quod tu, qui in congregatione es, bene vivis, si vivis ordinabiliter, sociabiliter et humiliter: ordinabiliter tibi, sociabiliter proximo, humiliter Deo', Leclercq, *Opera S. Bernardi*, v, p. 190; *PL* 183, col. 407.

20–p. 34, l. 4. Cf. Hugo de S. Victore, *De Inst. Nov.*, cc. 1–5, *PL* 176, coll. 927–31.

## Quomodo homo debet respicere statum suum
## Capitulum 1

1. *Videte vocacionem vestram.* Ista verba Apostoli pertinent ad nos homines religiosos. 'Videte', inquit, 'ad quid vocati estis.' Et hoc dicit
5 Apostolus ad excitandum nos ad perfectionem. Et propter hoc quacumque hora cogito de meipso die vel nocte, ex una parte habeo magnum gaudium et ex alia parte magnum dolorem. Gaudium habeo propter sanctam religionem, dolorem et confusionem propter meam debilem conversacionem. Et illud non est mirum, quia habeo magnam causam;
10 nam sic dicit sanctus Eusebius in uno sermone, 'Venire ad religionem summa perfectio est; sed non perfecte vivere in religione summa dampnacio est.'

2. Et ideo, tu qui vivis in religione seu congregacione, sequere viam perfectionis, et si vis tuam salvacionem, relinque omnia que sunt in isto
15 mundo et omnia ei pertinencia, et appone tuam diligenciam ad perfecte vivendum.

## Quid est perfecte vivere
## Capitulum 2

3. Perfecte vivere, sicut sanctus Bernardus nos docet, est vivere
20 humiliter, amicabiliter et honorabiliter. Humiliter quantum ad teipsum; amicabiliter quantum ad proximum; honorabiliter quantum ad Deum, sic ut ponas totam tuam intencionem ad faciendum voluntatem divinam. Hoc est dictu: in omnibus que debes cogitare corde, vel loqui ore, vel

---

3 vestram: fratres *add.* Bi        nos *om.* SBi; vos GHM1NOPR        5 nos:
vos GM1OPR        6 die: *hic incipit* M2        13 viam: vitam N, *add. interlin.* R
17 vivere: et que est voluntas Dei *add.* QRS        20 humiliter *om.* N        Humiliter . . . teipsum *om.* N

---

10-12 It is interesting to note that this reading of the quotation is closer to the original of 'Eusebius' than the version in *SR*.

16 A marginal note in H reads: 'Bernardus. Nimis et difficile est terrenas occupaciones absque peccatis ministrare.' This comes from *De Cognitione*, c. 2, *PL* 184, col. 489.

loquimur vel operamur, tangimus vel aliquo sensu corporeo sentimus, in omnibus motibus et posicionibus nostris, semper cogitemus et inquiramus si fiat ad Dei voluntatem et eius beneplacitum. Quod si sic, secure peragatur; et attende si non offendatur Deus. Prius est moriendum quam quicquam tale perpetrandum.  5

4. Querit autem aliquis, 'Que sit voluntas Dei?' Cui respondet Apostolus dicens, 'Voluntas Dei est sanctificacio vestra', id est, ut sancti sitis.

### *Quid facit hominem sanctum et qualiter homo perveniat ad cognicionem sui tam in corpore quam in anima*  10
### *Capitulum 3*

5. Duo quidem sunt que sanctum faciunt hominem, scilicet, cognicio veritatis et dilectio bonitatis, ad que nos oportet pervenire si velimus sanctificari, id est, sancti fieri. Sed ad cognicionem veritatis, que est Deus, non pervenies nisi per cognicionem tui; et ad dilectionem 15 bonitatis, id est Dei, nisi per dilectionem proximi. Ad cognicionem tui poteris pervenire per crebram de teipso meditacionem; ad cognicionem Dei per puram contemplacionem.

6. Ad tui cognicionem attinges hoc modo. De teipso crebro cogita quid, quis et qualis es, fueris et futurus es; et hoc primo quantum ad 20 corpus, secundo quantum ad animam. Si corpus, quid sit et quale cogites, vilius sterquilinium non invenies. Si in quanta genitus fueris vilitate cogitaveris, pudor est, et pudendum est dicere, et abhominabile est cogitare. In fine tradendus es vermibus ad devorandum. Qualis in anima fueris sic cogitabis: quanta mala feceris; quanta bona que potuisti 25 et debuisti facere, neglexeris; quantum et qualiter vixeris; quantum accepisti et qualiter expendisti, quoniam totum tempus perdidisti in quo de Deo non cogitasti.

---

4 non *om.* C      6 aliquis *om.* A      12 hominem *om.* ABD      17 meditacionem: consideracionem D      20 primo: modo A      23 cogitaveris *om.* A
24 cogitare: Si in quantum futurus es *add.* D

---

7 I Thess. iv. 3.

9 Compare this chapter with the *meditatio in moribus* in Hugo de S. Victore, *De Meditando, PL* 176, coll. 993–8 (ed. Baron, pp. 44–59).

19–24 Cf. *De Cognitione, PL* 184, coll. 485–508, especially c. 3: 'sed erit, quando erit cadaver miserum et putridum, et cibus vermium. . . . Si diligenter consideres, . . . vilius sterquilinium nunquam vidisti.' col. 489; and *De Interiori Domo,* c. 36, 'de cognitione tui venire ad cognicionem Dei. . . . Discute quid sis, quid fueris, quid esse debueris, quid esse poteris.' *PL* 184, coll. 544–5.

27–8 Cf. *De Cognicione,* c. 6: 'Omne tempus in quo de Deo non cogitas, hoc te computes perdidisse.' *PL* 184, col. 497, and for another version of the theme in an ascetical treatise for religious see Arnulfus de Boeriis, *Speculum Monachorum,* ibid., col. 1177.

facere opere per aliquem quinque sensuum tuorum—sicut oculis videndo, auribus audiendo, lingua gustando, naso olfaciendo vel odorando, manibus tangendo, eundo, stando, sedendo, iacendo—cogita semper in principio si illud sit voluntas Dei vel non. Si sit voluntas
5 sua, fac tunc secundum tuam potenciam; et si non, ne facias illud propter mortem tollerandam.

4. Sed modo quereret aliquis a me, 'Que est voluntas Dei?' Dico quod voluntas sua non est aliud quam nostra sanctificacio. Nam ita dicit nobis Apostolus, 'Hec est voluntas Dei, sanctificacio vestra', id
10 est, voluntas Dei est quod vos sitis sancti.

## *Que faciunt hominem sanctum*
## *Capitulum 3*

5. Duo sine pluribus faciunt hominem sanctum, videlicet, cognicio et amor: hoc est, cognicio veritatis et amor bonitatis. Sed ad cognicionem
15 Dei, qui est veritas, non potes venire nisi per cognicionem tui ipsius; nec ad amorem Dei, qui est bonitas, potes venire nisi per amorem proximi tui. Ad cognicionem tui ipsius potes venire per frequentem meditacionem; ad cognicionem Dei ⟨per⟩ puram contemplacionem.

6. Ad cognicionem tui ipsius potes venire isto modo. Cogita dili-
20 genter et frequenter qualis tu es, qualis fuisti, et qualis eris, primo quantum ad corpus, postea quantum ad animam. Quantum ad corpus cogita quod es vilior sterquilinio. Fuisti enim generatus in tanto fetore quod est pudor nominare et abhominabile cogitare. Natus fuisti in magno peccato, vitam tuam duxisti in magna miseria, et post mortem
25 traderis bufonibus, vermibus et aliis turpibus animalibus, ut te devorent et manducent. Qualis fuisti et qualis es modo debes quantum ad tuam animam cogitare, nam qualis eris non potes bene scire. Cogita et recogita quomodo fecisti magna mala et multa, et qualiter dimisisti multa bona et magna. Cogita quamdiu vixisti, quantum recepisti, et
30 quomodo illud et tempus tuum expendisti; nam quamlibet horam, in qua de Deo non cogitasti, amisisti.

7 Dico: secundum Apostolum *add.* M      11 sanctum: et quomodo (qualiter M1QS) homo debet (perveniet M1) ad cognicionem sui ipsius venire (vivere QS) in corpore et anima *add.* JM1QSBi      13 Duo quidem sunt que faciunt M (cf. *SR*, 3. 5) 14 bonitatis: ad que nos oportet pervenire si volumus sanctificari, id est, sancti fieri *add.* M (cf. *SR*, 3. 5)      18 ⟨per⟩ *supplevi*      20 frequenter: quis, quid et *add.* M (cf. *SR*, 3. 6)      29 magna: que facere debuisti et neglexisti *add.* M (cf. *SR*, 3. 6)

29 A marginal note in M1 reads: 'Bernardus super cantica sermo 37 post medium. Frustra enim cordis erigit oculum ad videndum Deum qui nondum ydoneus est ad videndum se ipsum. Hec Bernardus.' It is, in fact, from *De Interiori Domo*, c. 6, *PL* 184, col. 512.

7. Insuper, quomodo respondebis cum de omni verbo ocioso et cogitatu vano racionem reddere tenearis, et eciam de omni opere vano? Et sicut omnis capillus capitis tui glorificabitur si salvus fueris, sic omnis hora qua vixisti exigetur a te qualiter expendisti. O bone Iesu, miserere! Si totus mundus plenus esset pulvere, quis omnia segregaret, quis omnia 5 dinumeraret? Sed anima milies est maior toto mundo, que plena est nocte dieque cogitacionibus diversis et affectionibus et desideriis. Quis cor suum perfecte poterit perscrutari et investigare quecumque versantur in animo?

8. Considera ergo et recogita quantum indigeas cognicione tui. 10 Deinde, vide quid in te sit boni, quid a te pervenerit; quid sapiencie, quid sciencie, quid potencie; quociens concupiscis que tibi sunt incommoda; quam raro desideras que tibi sunt utilia. Nunc deiectus immoderata tristicia, nunc elatus vana leticia, nunc depressus vano timore, nunc dissolutus vana spe. 15

9. Item, vide quam sis mutabilis et inconstans, qui quod cupis hodie, cras contempnis; quam anxiatus si non habes quod cupisti, et de habitis fastiditus. Item, pensa quam levis es ad temptandum, quam facilis ad consenciendum, quam debilis es ad resistendum. Ab hiis et omnibus aliis humanis miseriis te liberat cotidie magisque liberabit Christus Iesus, 20 nisi tu defeceris.

## *De beneficiis Dei et qualiter tempus sit expendendum* *Capitulum 4*

10. Consideranda sunt igitur in te diligenter Dei beneficia, ut ipsum diligas quia prior dilexit te. Cum enim non esses, te creavit et de non- 25 esse te produxit ad esse. Creavit, inquam, animam tuam ad imaginem et similitudinem suam; corpus verum tuum de sordida et pudenti spuma,

---

7 desideriis: perversis *add.* D      14 nunc elatus . . . leticia *om.* A; elatus: oblectus in D      20 te: et me *add.* B    Iesus: Amen *add.* B, *et cap. hic desinit* 24 diligenter *om.* A      25 quia: qui C; ipse *add.* B      26 animam tuam: te A 27 sordida: materia *add.* B

---

1–2 Cf. Matth. xii. 36.

5–6 The same image appears, in a different context, in Ricardus de S. Victore, *De Trinitate*, II, c. 21: 'Si tota terra solveretur in pulverem, et de singulis illius minutiis interrogari potuisset, . . .', *PL* 196, col. 913 (ed. J. Ribaillier, Paris, 1958, p. 128).

22 This chapter, save for the digression (11–12), is drawn from the extended consideration of the blessings of God in Hugo de S. Victore, *De Arrha Animae*, *PL* 176, coll. 951–70.

24–5 Cf. I Ioan. iv. 10.

25–7 Cf. *De Arrha*, 'Primus cogita anima mea, quod aliquando non fueris, et ut esse inciperes, hoc ejus dono acceperis. . . . Adhuc aliquid plus dedit, et magis nos ad similitudinem suam traxit', loc. cit. col. 960.

7. Reddes eciam racionem de quolibet verbo ocioso, de omni cogitacione ociosa et de quocumque opere ocioso. Et sicut non habes unum solum capillum capitis qui non erit glorificatus si fueris salvatus, ita nec evadet ulla hora temporis tui que non erit computata. O Dei miseri-
5 cordia! Si totus iste mundus esset plenus de minuto pulvere, quis foret ita prudens quod posset iudicare quemlibet attomum per se et dividere quemlibet ab alio? Certe, nullus. Sed anima est millesies maior toto mundo, etsi mundus esset millesies maior quam est; et si anima esset plena diversis cogitacionibus, affectionibus et desideriis, quis tunc
10 posset ita rimari et inquirere cor suum quod posset cognoscere omnia que intus sunt aut cogitare?

8. Vide modo, frater carissime, quomodo habes magnam necessitatem considerare de tui ipsius cognicione. Deinde indulge bene qualis es modo, quantum ad animam, quomodo habes modicum boni
15 in te, modicum sensum et parvam potestatem. Nam semper nocte et die desideras illa que tibi non prosunt et sepe renuis ea que tibi multum valere possunt. Tu es deceptus quam sepe: modo per dolorem nimium, modo per amorem inordinatum, modo per indiscrecionem et intemperanciam, modo per vanam gloriam, modo vexaris timore, modo elevaris
20 falsa spe.

9. Ex altera parte, tu es tam mutabilis quod illud quod vis hodie, non vis cras; et sepe es languidus propter plura et cruciatus si illa non habeas, et postquam habueris illa ad tuam voluntatem, tunc es de eisdem magnaliter angustiatus et tedio affectus. Cogita eciam, ex alia parte,
25 quam facilis es ad temptandum, fragilis es ad resistendum, et quam promptus ad consenciendum. De omnibus huiusmodi miseriis te liberavit Sponsus tuus et Deus tuus, Iesus Christus, et cottidie liberat plus et plus.

10. Nam quando non eras, tunc te creavit, in anima ad suam propriam
30 similitudinem, et corpus tuum de tam sordida et fetida re quod

---

3 salvatus: sic omnis hora qua vixisti exigetur a te qualiter expendisti add. M (cf. SR, 3. 7)      5 minuto: vel parvo add. GNST, vel de pulvere parvo H      11 cogitare: hic excerptum ex SR, 3. 8 add. M2: scil. 'Deinde, vide ... vana spe. (p. 36, 11–15) Considera . . . tui.' (10)      21 mutabilis: et inconstans add. M      hodie: contempnis add. M      24 et: id est MNQR      27 Sponsus: speciosus GMOQR

---

11 A marginal note in M1 reads: 'Si corpus quid sit et quale cogitas, vilius sterquilinium non invenies.' (cf. SR, 3. 6). The interpolated excerpt after cogitare in M2 appears as a marginal note a little later in the text in M1.
24 After affectus M1 adds a sentence, with slight variants, from De Cognitione, c. 1: 'Bernardus in meditacionibus: ab exterioribus ad interiora redeam, ab inferioribus ad superiora ascendam: ut possim cognoscere unde venio, aut quo vado; quid sim, vel unde sim; ut per cognicionem mei possim pervenire ad cognicionem Dei.' See PL 184, col. 485.

de quo quidem cogitare nimis est abhominabile. Item, quinque sensibus te creavit, membris decoravit.

11. Cur ergo parentes diligis carnaliter qui te genuerunt in sordibus et peccato? Nichil habes ab eis, nec corpus, nec animam, sed a Deo per eos. Si diligis eos quia generatus es ab eis, sic et vermes nati sunt ab eis. 5 Qualis esses si in eis permansisses que a parentibus contraxisti, sordibus, scilicet, et peccatis?

12. Item, cur fratres et sorores diligis carnaliter? Quia ex eodem sanguine geniti sunt unde et tu? Similiter diligendum est frustum carnis de corpore patris vel matris divisum, si esset, quod demencia diceretur. 10 Sed quia homines sunt in corpore et anima sicut tu, tunc similiter extranei sunt diligendi, nec magis diligendi sunt parentes quam extranei, nisi in hoc, quod carnis principium ab eis habuisti, et hoc erat modicum et fetulentum. Hic ergo diligendus est a quo omnia proveniunt, et omnis bonitas et omnis pulcritudo. Noli ergo de cetero diligere carnaliter, sed 15 tantum spiritualiter, et hoc in Deo.

13. Hoc quidem facies si bene recogites Dei beneficia, que tibi confert, et conferet si tu volueris promereri. Sicut enim dictum est, ex nichilo te creavit quando non eras vel fuisti; te quesivit quando periisti; perditum, te invenit; venundatum sub peccato, te redemit; dampnatum, te salvavit; 20 natum in peccato, baptismo mundavit; peccantem post baptismum tam abhominabiliter, tam frequenter, liberaliter tolleravit, longanimiter exspectavit; penitentem suscepit tam dulciter et in tam dulci collegio tanquam angelico collocavit. Et adhuc cotidie peccantem arguit, penitenti veniam tribuit, errantem reducit, dubitantem instruit, esurientem 25

9 frustum: frustrum BCD; divisum: decisum CD    13 modicum: immundum B    16 et hoc: id est BCD    21 baptismo: te *add.* D; tam abhominabiliter *om.* A

1-2 Cf. *De Arrha*, 'Sensibus foris decoravit (te)', col. 961.
3-7 Cf. *De Cognitione*, cc. 2-3, *PL* 184, coll. 487-90.
17-p. 40, l. 5 Cf. *De Arrha, PL* 176: 'qui (Deus) te et fecit cum non eras, et redemit cum perieras', col. 962; 'Abieras ergo et perieras, et quia in peccatis tuis venundata eras, venit ille post te ut redimeret te', col. 963; 'Et saepe cum mihi consumptus videbar, subito liberasti me; quando errabam, reduxisti me; quando ignorabam, docuisti me; ... quando veni, suscepisti me', col. 968. See also *De Modo Orandi*, c. 1, ibid., col. 978.

inde abhominacio est cogitare. Formavit eciam tuos sensus et tua membra tam nobilia et pulcra, quod nemo potest illa melius disponere nec providere.

11. Cogita nunc diligenter et cum effectu, tu qui amas tuos parentes
5 carnales sic tenere, quare diligis illos sic care et vehementer. Si dicas quod amas patrem tuum et matrem tuam quia es de sanguine et carne illorum generatus, ita sunt vermes qui nascuntur ab illis de die in diem, vel diatim. Ex altera parte, tu de illis non habes animam neque corpus, sed a Deo per illos. Parentes enim tui ad peccatum te produxerunt.
10 Qualis ergo esses, si adhuc maneres illud quod de parentibus habuisti quando fuisti generatus ab eis in fetore et peccato?

12. Ex alia parte, si diligis fratrem aut sororem aut alium de parentela tua propter hoc, quod sunt de eadem carne et sanguine de quibus tu es, per eandem racionem amares unam partem carnis patris tui vel
15 matris, si esset abscisa a corpore suo, et hoc de veritate esset magis ultra modum. Si dicas quod illos amas quia habent in carne figuram et similitudinem hominis, et quia habent animam sicut et tu habes, tunc non est frater tuus carnalis propinquior tibi quam unus alius, nisi tanto quod tu et ille habetis ex uno patre carnali exordium carnis vestre,
20 quod est modicum fetoris, putridi et fetulenti. Ames ergo illum de quo omnis tua pulcritudo venit, et dilige omnem hominem spiritualiter, et cessa deinceps amare carnaliter; et sic certe deberes facere.

## De beneficiis Dei
## Capitulum 4

25 13. Si cogites sapienter ulterius de bonis que tibi Deus sepe fecit, et semper plus et plus facit, illum intime diligere velles. Nam sicut dixi in principio, quando non eras, tunc de nichilo te creavit, et quando periisti, tunc te quesivit; quando fuisti perditus, tunc te invenit; quando fuisti in peccatis venditus, tunc te redemit; quando fuisti dampnatus, tunc
30 te salvavit, et quando in peccatis fuisti natus, tunc te baptizavit. Postmodum, quando peccasti tam viliter et tam frequenter, tunc te liberaliter et pacienter sustinuit, et quamdiu expectavit. Deinde, dulciter te recepit et in suo conventu dulcissimo te posuit. Et cottidie, quando male facis, te corripit, et quando peccas, tibi indulget; quando erras, tunc

---

23 Dei: nostri *add.* L; Domini JMQS; nostri Dei *add.* QS; nostri Iesu Christi *add.* J

---

22 Here M1 has a long interpolation made up of extracts from Bernardus, *Sermones in Cantica*, 36 and 37; Anon. *De Anima*, III, c. 6, 1, cc. 5 and 1; Bernardus, *De Consideratione*, II, c. 3, and an unidentified passage of similar import.

pascit, sicientem potat, algentem calefacit, ferventem refrigerat, dormi-
entem custodit, vigilantem respicit, surgentem erigit, labentem sub-
levat, sedentem sustinet, fugientem revocat, redeuntem reducit. Cum
ad ipsum reverteris te benigne recipit, recedentem retinet, tristatum
confortat, mestum consolatur, deficientem adiuvat et corroborat.     5

14. Hec et multa alia largitur beneficia noster dulcis Dominus et
dulcedo cordis eius. De quibus cogitare debes et illum libenter laudare
et ei gracias agere interminabiliter nocte dieque infatigabiliter, si novisti
diligere dulciter ac spiritualiter. Cum ergo mane de lecto surrexeris, aut
nocte media, statim cogita quot homines in illa nocte perierunt in 10
diversis periculis, multi in corpore, multi in anima, multis modis in
multis locis; quam multi ceciderunt in peccatum diversimode. Ab
omnibus malis liberavit te Christus Iesus, sua gracia sine tuis meritis.
In quo enim Deo placuisti, pro quo te totaliter custodivit et multos alios
dereliquit, adeo ut si bene considerare quanta bona tibi contulerit, ex 15
omni parte videras ipsum circa tuum commodum ita occupatum tamquam, dimissis aliis, intenderet tibi soli; et sic ad tui custodiam intentum
quasi totum mundum ob tui curam oblivioni tradidisset.

15. Cum ergo talia cogitaveris, erige manus cum corde, et creatori,
salvatori, gubernatori tuo gracias age, dicens:     20

Gracias ago tibi, Domine Iesu Christe, qui me miserum peccatorem
in hac nocte custodisti, protexisti, visitasti, sanum et incolumem usque

---

1 refrigerat: frigefacit B       4 reverteris: converteris BCD       7 eius: nostri
D       11 corpore: et *add.* BD       19 et *om.* CD       19-20 corde . . . gubernatori: corde contrito gubernatori B

---

6-9 Cf. *De Arrha*, 'Haec omnia mihi fecisti, Domine Deus meus, et alia multa de
quibus mihi dulce sit semper cogitare, semper loqui, semper gratias agere, ut te laudem
et amem pro omnibus beneficiis tuis, Domine Deus meus', *PL* 176, col. 968.
9-12 For a similar recommendation see Stephanus de Sawley, *Speculum Novitii*,
c. 2, ed. Dom E. Mikkers, *COCR*, viii (1946), p. 47.
21 Cf. the prayer at Prime in the unrevised Roman Breviary. For a version which
Edmund may have known at Salisbury see *Breviarium ad usum Sarum*, ed. F. Proctor
and C. Wordsworth from the edition of 1531, fasc. II (Cambridge, 1879), coll. 54-5.

te corrigit, et quando dubitas, te docet; quando habes famem, tunc te
pascit, et quando sitim, tunc te potat; quando habes frigus, tunc
te calefacit, et quando calorem, tunc te refrigerat; quando vigilas, tunc
te salvat, et quando dormis, tunc te conservat; quando surgis, tunc te
5 sustinet, et quando cadis, tunc te reparat; quando sedes, tunc te tenet,
et quando stas, tunc te supportat; quando vadis, tunc te ducit et quando
reverteris, te dirigit; quando ad illum venis, te recipit, et quando ab
illo recedis, te reducit; quando devias, te revocat, et semper quando
tibi male est, te confortat. Ista bona et multa alia tibi fecit dulcis
10 Sponsus tuus Iesus, et dulcor cordis tui.

### Qualiter homo debet expendere tempus suum
### Capitulum 5

14. Propter hec bona et multa alia debes semper de Deo cogitare et
loqui, ipsique cottidie regraciari et laudare, et hoc tam de nocte quam
15 de die, si aliquid sapias de amore. Et ideo, quando surges de tuo lecto
mane vel media nocte, cogita festinanter quot milia hominum perierunt
illa nocte in corpore et anima: quidam in igne, quidam in aqua, quidam
in mari et quidam in terra, et sic multis aliis modis, ut alii spoliati,
vulnerati, periclitati, occisi, subito mortui sine confessione, qui de-
20 scenderunt ad perpetuam dampnacionem. Cogita eciam quot milia
hominum ceciderunt in periculo anime in mortali peccato, sicut in
gula, luxuria, avaricia, homicidio, et in multis aliis stulticiis. Et de
omnibus istis malis te liberavit dulcis tuus Dominus, absque tuis servi-
ciis et meritis. Quale enim servicium sibi fecisti pro quo te ita custo-
25 divit, et multos alios dimisit et reliquit? Nam si diligenter advertas
quantum bonum tibi fecit undique et ex omni parte, ita invenies illum
circa tuum profectum occupatum, quam nichil aliud faceret nisi quod
tibi soli intenderet et ad tuam salutem. Et ita videbis illum propter te
custodiendum assiduum et curiosum, ac si esset oblitus totum istum
30 mundum ad tibi soli attendendum.

15. Et cum sic cogitaveris leva manus tuas et regraciare Domino
Deo tuo de istis et omnibus aliis bonis, isto modo orando:

Gracias ago tibi, Domine Iesu Christe, qui me indignum famulum
tuum, N, in hac nocte custodisti, protexisti, visitasti, sanum, salvum

---

1–2 quando habes... pascit om. GNPQ; quando esuris RBi      5–6 quando cadis
. . . supportat om. GPQR      10 Sponsus: et speciosus add. GMNOPQR;
tui om. J; in dulcorem cordis sui S      11 debet expendere: expendet FMP
32 orando: rubrica Oracio bona add. E      34 N om. LMOP, Johannem KT

ad hanc horam pervenire fecisti; et pro universis beneficiis tuis, que michi, non meis meritis sed sola bonitate tua, contulisti. Concede michi misericorditer ut residuum peregrinacionis mee in tua voluntate dirigatur, vita mea temporalis in te finiatur, et anima mea teipso, qui es vita eterna, perfrui mereatur in eternum. Qui vivis et regnas etc. 5

Eodem modo dicendum est mane cum surrexeris, vespere cum cubueris.

16. Postea cogitabis qualiter tempus preteritum expendisti. Tuncque rogabis Dei misericordiam et impetres veniam de commissis malis et omissis bonis, tam in die quam in nocte, nichilque presumas operis antequam amicos tuos vivos et mortuos Deo commendaveris, pro teipso 10 et pro vivis et defunctis, sic dicens:

> In manus tuas, Domine Deus, et sanctorum angelorum tuorum, commendo animam meam et corpus meum, fratres meos et sorores, parentes et amicos, familiares et propinquos, et benefactores meos vivos et mortuos, cunctumque populum catholicum. Custodi nos, 15 Domine, per merita et intercessiones Beate Marie et omnium sanctorum tuorum, a viciis et concupiscenciis, a peccatis et a temptacionibus omnium malorum, a morte subitanea et inprovisa, et a penis inferni. Illumina cor meum, Domine, et mentem meam de Spiritu Sancto et de tua sancta gracia; et fac me, Domine Iesu Christe, tuis semper 20 obedire mandatis et a te nunquam me separari permittas. Qui vivis et regnas Deus, etc.

17. Hunc sequendo modum pervenies ad tui ipsius cognicionem. Dicit enim beatus Bernardus, 'Si confidas in teipso, tibi ipsi commendaris; si vero in Deo speraveris, ipsi Deo commissus es.' Iste modus 25 cogitandi et considerandi dicitur meditacio. Et per hunc modum cogitandi, et secundum hanc tui ipsius consideracionem, pervenire poteris ad Dei cognicionem per divinam contemplacionem.

---

7 Tuncque: Sicque BCD          15 catholicum: christianum D     nos: eos A, me D          17–18 concupiscenciis et temptacionibus et periculis omnium malorum B     18 malorum: iniquorum CD     19 meum: nostrum B     20 me: nos B     24–5 tibi . . . commendaris: teipso ibi commuteris C     commendaris: commendans A, committeris BD          25 si vero . . . es: et ipsi te commendaveris, in contemplacione proficies B     commissus es: commendaris C, commendaveris D     28 per: et B     divinam: sanctam BCD

---

12–13 Cf. Ps. xxx. 6, the words placed in the mouth of Christ on the Cross by Luke, xxiii. 46, and used as a versicle at Compline on Passion Sunday.
20–1 This echoes the concluding petition of the second prayer after the *pax* in the Pian Roman Missal. The Sarum Missal reads: 'et fac me tuis semper obedire mandatis et a te nunquam in perpetuum separari permittas salvator mundi qui etc.', ed. J. Wickham Legg (Oxford, 1916), p. 227.
24–5 Quotation untraced.

et incolumem ad hanc horam pervenire fecisti, et pro universis aliis beneficiis tuis, que michi tua sola bonitate contulisti. Qui vivis et regnas Deus per omnia secula seculorum, Amen.

Istam eandem oracionem et eodem modo debes dicere quando surgis in
5 mane et quando vadis accubitum sero; nisi solummodo ubi dicis media nocte *ad hanc horam*, ibi debes dicere *ad principium huius diei*, et sero, *ad finem huius diei pervenire fecisti*.

16. Et cum sic fecisti debes assidue et intime cogitare quomodo tempus tuum expendisti a mane quando surrexisti, ad vesperam quando
10 accubitum ivisti. Et similiter quando surgis de lecto, quomodo a vespera usque mane tempus expendisti debes cogitare, et pete misericordiam a Deo de malis que fecisti, et de bonis que dimisisti illa die seu illa nocte. Et ne facias aliud in ista vita quousque commendaveris teipsum et omnes tuos amicos, vivos et mortuos, in manus dulcis tui
15 Domini Iesu Christi. Et dicas tali modo pro te ipso et illis:

In manus tuas, Domine, et sanctorum angelorum tuorum, commendo in hac die, vel nocte, animam meam et corpus meum, parentes, fratres et sorores, amicos, familiares, propinquos, benefactores meos et omnem populum catholicum. Custodi nos, Domine, in hac die, vel
20 nocte, per merita et intercessionem Beate Marie Virginis et omnium sanctorum, a viciis et concupiscenciis, a peccatis et temptacionibus diaboli, a subitanea et inprovisa morte, et a penis inferni. Illumina cor meum de Spiritu Sancto et de tua gracia; et fac me semper tuis obedire mandatis et a te nunquam in perpetuum separari permittas.
25 Qui vivis et regnas cum Deo Patre in unitate Spiritus Sancti, etc.

Et quando surgis de mane ubi sero dicebas *in hac nocte*, dicas tunc *in hac die*.

17. Si habueris istum modum tunc habebis veram tui ipsius cognicionem. Nam ita dicit unus sanctus, 'Si confidas de teipso, tibimet eris liberatus; si confidas in Deo et diffidas de teipso, Deo eris commen-
30 datus.' Et iste modus consideracionis vocatur meditacio. Isto modo potes venire ad tui ipsius cognicionem per sanctam meditacionem; venies ad cognicionem Dei per puram contemplacionem.

2 contulisti: quia a principio huius diei usque ad finem pervenire fecisti *add.* Bi, Concede michi ... in eternum (*SR*, c. 4. 15) *add.* M     4–15 Istam ... illis: Alia oratio generalis pro amicis et inimicis, pro vivis et defunctis, pro omnibus consanguineis, et pro semetipso Bi     12 malis: commissis *add.* M     bonis: omissis *add.* M     13 Et ... quousque: Et nichil presumas operis cuiusque quousque M     16 *Hic rubricam* Alia oracio *add.* E     18 amicos: et inimicos *add.* Bi     28 unus sanctus: homo *add.* S; sanctus Bernardus M1     tibimet: non M     30–2 Isto ... contemplacionem S; Isto modo cognicionis (cognicione L) tui ipsius per sanctam meditacionem venies ad cognicionem Dei per puram contemplacionem EL; Ideo isto modo potes venire ad tui ipsius cognicionem, ad cognicionem vero Dei per puram contemplacionem FGHJKMNOPQRT

## Qualiter contemplandus est Deus in creaturis
## Capitulum 5

18. Tres sunt modi sive species contemplandi Deum. Prima est in creaturis, secunda in scripturis, tercia in ipso Deo, in sua natura.

19. In creaturis poteris hoc modo Deum contemplari. In Deo tria 5 sunt potissime consideranda, scilicet, potencia, sapiencia, bonitas. Potencia appropriatur Patri, sapiencia Filio, bonitas Spiritui Sancto, licet hec omnia in personis singulis inveniantur equaliter, inseparabiliter et perfecte. Proprie tamen per Dei potenciam ex nichilo creata sunt universa; per ipsius sapienciam mirabiliter et sapienter ordinata; per 10 suam bonitatem sunt utiliter multiplicata.

20. Ipsius potenciam vides per eorum magnitudinem, formam et figuram in creacione; eius sapienciam intelligis per eorum pulcritudinem et disposicionem; eius bonitatem intueris per eorum virtutem et multiplicacionem. Eius magnitudinem vides per eorum dimensiones, 15 scilicet, longitudinem, latitudinem, altitudinem et profunditatem. Ipsius Dei sapienciam intelligis in creaturis in hoc quod quibusdam dedit esse tantum, ut lapidibus; quibusdam dedit esse et vivere, ut arboribus et herbis; quibusdam autem dedit esse, vivere et sentire, ut brutis animalibus; quibusdam autem dedit esse, vivere, sentire et racionari, ut angelis 20 et hominibus.

21. Ex hiis cogita quante sit dignitatis humana natura, scilicet, qualiter superat omnem creaturam. Unde beatus Augustinus: 'Nollem habere locum angeli si possem habere locum provisum homini.' Cogita, ergo, quanta confusione dignus est, qui vivere contempnit secundum gradum 25 sibi deputatum et condicionem.

22. Omnes enim huiusmodi creature propter hominem solum sunt create. Mansuete propter tria: scilicet, ad hominis adiutorium in labore,

---

15 Eius: eorum BCD    dimensuraciones A       24 possem habere: possem optinere C    provisum: promissum BCD       26 deputatum: in commune add. B

3–4 For the first two modes see De Meditando, PL 176, col. 993, Baron, p. 44.
5–15 Cf. Did. VII, c. 1, PL 176, coll. 811–12, and De Sacramentis I, 2, c. 12, ibid., col. 211.
15–16 Cf. Did. VII, c. 3, ibid., col. 813.
16–21 There is nothing quite like this in Edmund's Victorine sources, but there is something very similar in Gregorius Magnus, In Ezech. II, hom. 5 (10): 'Conditor etenim noster longe incomparabiliter creaturae suae praesidet, et quaedam operatur ut sint, nec tamen vivant; quaedam vero ut sint et vivant, nec tamen discernere aliquid de vita valeant; quaedam autem ut sint, vivant, atque discernant', PL 76, col. 990.
23–4 Quotation untraced.
27–8 Cf. Did. VII, c. 14, PL 176, col. 822: 'Deus hominem propter se fecit, cuncta alia propter homines condidit.'
28–p. 46, l. 13 This passage combines ideas from Did. VII, c. 14, ibid., coll. 821–2 and De Arca Morali, II, c. 4, ibid., col. 637.

## *Quomodo homo debet contemplari Deum in qualibet creatura*
### *Capitulum 6*

18. Tres sunt modi contemplacionis. Primus est in creatura, secundus in scriptura, tercius est de Deo in sua natura.

5   19. Contemplacio primo modo nichil aliud est nisi visio Dei in suis creaturis. Et hoc potes videre isto modo. Tria sunt in Deo: potestas et sapiencia et bonitas. Potestas appropriatur Deo Patri, sapiencia Deo Filio, bonitas Deo Spiritui Sancto. Per suam potestatem omnia creantur; per suam sapienciam mirabiliter ordinantur; et per suam bonitatem 10 cottidie multiplicantur.

20. Potestatem Dei potes videre per omnem creacionem atque magnitudinem; suam sapienciam per eorum pulcritudinem et disposicionem; et suam bonitatem per illorum virtutem et multiplicacionem. Magnitudinem creaturarum potes videre per suas quatuor dimensiones: 15 scilicet, per suam altitudinem, per suam profunditatem, per suam longitudinem, et per suam latitudinem. Sapienciamque Dei potes videre si bene attendas quomodo dedit pluribus creaturis esse solum, ut lapidibus; aliis dedit esse et vivere, ut arboribus et plantis; aliis esse, vivere et sentire, ut bestiis; aliis esse, vivere, sentire et intelligere, ut homini-20 bus et angelis. Nam lapides sunt, sed non vivunt, nec senciunt, nec intelligunt. Arbores et herbe sunt et vivunt, sed non senciunt, nec intelligunt. Bestie sunt, vivunt, senciunt, sed non intelligunt. Homines sunt cum lapidibus, vivunt cum arboribus, senciunt cum bestiis, intelligunt cum angelis.

25   21. Hic debes cogitare diligenter dignitatem humane nature, quomodo excellit omnem creaturam. Ideo enim dicit sanctus Augustinus: 'Nollem habere locum angeli si possem habere locum qui providetur homini.' Cogita similiter quomodo ille homo est dignus magna confusione qui non vult vivere secundum suum gradum et condicionem.

30   22. Nam omnes creature que sunt in isto mundo solum propter hominem sunt create. Bone enim creature sunt create ad hominem prop ter tria: ad iuvandum nos in labore, ut boves et equi; ad nos vestiendum

1 De contemplacione Dei in qualibet creatura M, De tribus modis contemplacionis H

ut equi, boves et huiusmodi; ad operiendum, ut linum, lana, pelles et
coria; ad pascendum, ut carnes, segetes, pisces et huiusmodi. Creature
vero nocive, ut herbe et animalia venenosa, similiter propter tria sunt
condita: ad castigandum, ad emendandum, et ad instruendum. Ad
castigacionem nostram, quia puniti sumus et castigati quando ledimur, 5
vel ab eis ledi timemus. Hoc est autem Dei misericordia, qui nos castigat
temporaliter ne puniamur eternaliter. Emendamur vero sive corrigimur
quando cogitamus quod mala que patimur in hac vita propter peccata
nostra nobis infliguntur. Videntes enim quod a tam modica creatura ledi
possumus, pro nostra fragilitate nimirum humiliamur. Instruimur 10
quidem per illa in hoc, quod videmus in eis opera Dei mirabilia. Magis
enim nos instruit opus formice quam ursi fortitudo vel leonis. Et sic
intelliges in aliis.

23. Cum ergo sic fueris in creaturis contemplatus, ad creatorem Deum
tuum attolle cor tuum, et considera quam infinite sit potencie qui cuncta 15
condidit et creavit ex nichilo, et eis esse dedit; quam immense sapiencie
qui singula in suis speciebus ordinavit; et quam summe bonitatis qui ea
ad utilitatem nostram multiplicavit. O Domine Deus, quam ingrati
sumus et degeneres! Nos illis abutimur que dedisti nobis et creasti; nos
ea confundimus que tu disponis et ordinas; destruimus que tu multi- 20
plicas.

24. Dicamus ergo Deo ex toto corde: Quia tu es, ideo cuncta sunt;
quia pulcher es et speciosus, ideo pulcra sunt et speciosa; quia bonus es,
ideo bona sunt, benedicte Deus! Iuste ergo et racionabiliter te laudant,
te adorant, te glorificant omnes creature tue, O beata Trinitas, creatrix 25
et gubernatrix omnium. Iuste te laudant propter suam bonitatem; iuste
te adorant propter earum pulcritudinem; iuste te glorificant propter
earum utilitatem. Ex quo omnia per tuam sapienciam gubernata; in quo
omnia sunt per tuam bonitatem multiplicata. Cui laus, honor et gloria
in secula seculorum, Amen. Ex hiis habes modum contemplandi Deum 30
in creaturis, et hic est primus gradus.

### Qualiter consideranda est Dei voluntas in scripturis
### Capitulum 6

25. Secundus vero gradus contemplacionis docet qualiter consideranda est Dei voluntas in scripturis. Sed iam queret laicus vel illiteratus,

6 vel . . . timemus: ab eis et lesi cavemus B     qui: quod B, quia D     11 in
hoc: ex hoc BCD     22 tu: potens *add. sup. lin. manu recentiori* B     ideo . . .
sunt: Deus omnipotens a quo cuncta condita sunt C, ideo creata sunt omnia D
26 suam: tuam B     27 adorant: omnes creature in hoc mundo *add.* B     earum
(pulcritudinem): tuam BD, suam C     29 Cui: Tibi B     30–1 Deum . .
gradus *om.* C     gradus: modus BD     34 contemplacionis *om.* A

et calciandum pro frigore et calore, ut linum, lana et corium; et ad
nos pascendum et sustendandum, sicut animalia et blada terre et
pisces maris. Male creature, cuiusmodi sunt nocive herbe et bestie
venenose, propter tria sunt create: propter nostram castigacionem,
5 propter nostram emendacionem, et propter nostram erudicionem. Nos
sumus puniti et castigati quando ab eis ledimur, vel ledi formidamus;
et hoc est magna Dei misericordia, quod vult nos castigare temporaliter
ne puniamur eternaliter. Nos sumus correcti et emendati quando cogitamus quod totum illud nobis evenit propter nostrum peccatum; nam
10 quando videmus quod tam parve creature possunt nobis nocere, tunc
cogitamus de nostra fragilitate, et sumus vere humiliati. Nos sumus
edocti et eruditi propter hoc, quod videmus in talibus creaturis mirabilia opera nostri Creatoris; nam plus nobis valent opera formice
quantum ad edificacionem, quam fortitudo ursi vel leonis. Quemad-
15 modum dixi de bestiis, ita intellige de herbis.

23. Quando taliter respexeris Deum in suis creaturis, eleva cor
tuum ad creatorem, et cogita quam magna est potencia talis de nichilo
facere et dare eis suum esse. Et quam magna est sapiencia illa in tanta
pulcritudine ordinare. Et quanta est bonitas illa propter nostram
20 utilitatem cottidie multiplicare. O quam magna Dei misericordia,
quod nos sumus ita innaturales! Nos enim abutimur omnibus istis
creaturis, et ipse illas recreat. Nos illas confundimus, et ipse illas gu-
bernat. Nos illas destruimus, et ipse illas multiplicat.

24. Dicas ergo illi in corde tuo: Quia tu es, ideo illa sunt; quia tu es
25 pulcher, pulcra sunt; quia tu es bonus, bona sunt. Te ergo iure laudant,
te adorant, te glorificant omnes creature tue, O beata Trinitas! Te
iure laudant propter earum bonitatem; te iure adorant propter earum
pulcritudinem; te iure glorificant propter earum utilitatem omnes
creature tue, O beata Trinitas, ex qua sunt omnia per tuam potenciam
30 creata, per quam sunt omnia per tuam sapienciam gubernata, in qua
sunt omnia per tuam bonitatem multiplicata. Tibi honor et gloria in
secula seculorum, Amen.

*Qualiter homo debet contemplari Deum in sacra scriptura*
*Capitulum 7*

35 25. Modo habes materiam quomodo potes videre Deum in qualibet
creatura, et hoc est primus gradus contemplacionis. Secundus vero gradus contemplacionis est in scriptura. Sed iam forte tu, qui es simplicis

34–5 Cf. Hugo, *meditatio in scripturis, De Meditando, PL* 176, col. 993, Baron, p. 46,
and above, p. 20.
35 laicus vel illiteratus: on the interpretation of these words see Forshaw, 'New
light on the *Speculum Ecclesie*', above, p. 1, n. 2.

33 contemplari Deum: videre voluntatem M1S, Dei *add.* M1

qualiter ad hunc gradum perveniet cum litteras non intelligit? Respondeo: quod potest scribi, potest pronunciari et exponi. Unde si non intelligas, audi doctores ecclesie predicatores, et sic intelliges. Et quando quod audieris de scripturis in communi sermone, sive in speciali colloquio sive collocucione, statim attende et attencius perpende quid tibi 5 prodesse poterit ad salutem, ad bene vivendum, ad odium viciorum, ad acquisicionem virtutum, ad gehene timorem, ad celestium desiderium et amorem, ad mundi contemptum et eterne vite profectum; quid agendum, quid fugiendum, quid retinendum; quid intellectum illuminat ad veritatis cognicionem; quid affectum inflammat ad dilectionem, et animam 10 informat ad bonam actionem.

26. De hiis autem loquitur tota sancta scriptura, ex qua debes flores excerpere, et cognoscere que sunt septem mortalia peccata, septem virtutes, decem mandata decalogi, duodecim articuli fidei, septem sacramenta, septem sancti Spiritus dona, sex opera misericordie, septem 15 virtutes evangelice, septem peticiones in oracione dominica contente, gaudia celorum et penas tartarorum.

## De septem mortalibus peccatis et eorum speciebus
## Capitulum 7

27. Peccata septem mortalia sunt hec: superbia, invidia, ira, accidia, 20 avaricia, gula et luxuria.

28. Superbia est amor proprie excellencie, de qua nascuntur septem filie perdicionis, scilicet inobediencia contra Deum sive contra superiorem: hoc est, precepta contempnere et prohibita perpetrare. Secunda est

1–3 Respondeo . . . intelligas: Respondeo per exposicionem peritorum. Unde si laicus sis et non intelligis D     3 ecclesie: et add. BD     4–5 colloquio sive om. CD     5 sive collocucione om. B     12 tota om. A     sancta: sacra BC1, om. C2C3     14–15 sacramenta: ecclesie add. C     15 sex B, septem ACD (sed v. infra, c. 14)     17 tartarorum: De quo singillatim succincte aliqua dicemus add. B 23 scilicet om. A

3–11 Et . . . actionem: cf. De Meditando, 'In tropologia meditatio operatur quem fructum dicta afferant, exquirens quid faciendum insinuent, vel quid doceant esse vitandum; . . . quid formam vivendi ad iterv irtutis edoceant', PL. 176, col. 994; see also De Inst. Nov., c. 8, ibid., coll. 933–4.
12–13 Petrus Cantor recommends just such a scriptural florilegium on the vices and virtues in Verbum Abbreviatum, c. 141, PL 205, col. 338.
13–17 Cf. the similar topics in De V Sept., PL 175, coll. 405–10, Baron, pp. 100–19.
18 This chapter is close to the wording of the chief source of this traditional teaching on the sins, Gregorius, Moralia, xxxi, 45, PL 76, coll. 620–1. For a more didactic contemporary treatment see Thomae de Chobham Summa Confessorum, Q. iv–v, ed. F. Broomfield (Louvain, 1968), pp. 21–5.
22 The definition of pride goes back to Augustinus, De Genesi ad Litteram, xi, c. 14, PL 34, col. 436; the above form is found in De Sac., II, 13, c. 1, PL 176, col. 526A;

litterature, queres a me: 'Quomodo unquam perveniam ad contemplacionem Dei in sacra scriptura?' Iam dulciter michi attendas, et
forte tibi dicam quicquid scribitur in scriptura potest tibi enarrari. Si
ergo nescias omne quod scribitur intelligere, debes omne bonum quod
5 a sapientibus tibi dicitur libenter audire. Et quando aliquid audis de
sacra scriptura in communi sermone vel in secreta collacione, attende
si aliquid audieris quod tibi valere poterit ad edificacionem anime, ad
odiendum peccatum, et diligendum virtutem; ad timendum penam et
desiderandum gloriam; ad istum mundum despiciendum et versus
10 alium festinandum; quid sit faciendum et quid dimittendum; quantum
illuminat tuum intellectum in cognicione veritatis, et quantum inflammat tuum affectum in fervore caritatis.

26. Nam de istis bonis debes cognoscere quicquid est scriptum
secrete vel aperte. Ex sacra scriptura debes extrahere et cognoscere que
15 sunt septem peccata mortalia, et septem virtutes evangelii, septem dona
Spiritus sancti et decem mandata Domini, duodecim articuli fidei et
septem sacramenta ecclesie, septem virtutes et septem opera misericordie, et septem peticiones oracionis dominice, pene inferni et gaudia
celi.

20 *De septem peccatis mortalibus et eorum speciebus*
*Capitulum 8*

27. Septem peccata mortalia sunt ista: superbia, invidia, ira, accidia,
avaricia, gula et luxuria.

28. Superbia est amor proprie excellencie, de qua nascuntur ista
25 septem vicia: inobediencia erga Deum vel erga superiorem; hoc est,
dimittere illud quod est preceptum, et facere illud quod est prohibitum.
Secunda species est iactancia, quando homo se iactat et superbit de

---

*De V Sept.*, c. 2, ibid., col. 406c; and ps.-Hugo, *Alleg. in N.T.*, ii, c. 3, *PL* 175, col.
774ᴮ.
    22–3 septem filie: cf. *Moralia*, xxxi, 45, where each sin has seven daughters.

---

    2 dulciter: dupliciter MOPQT, devote H        22 Septem . . . ista: Septem sunt
peccata mortalia que sunt ista MPQT

iactancia, quando quis se iactat de bono quod non habet a semetipso sed ab alio, aut de malo quod habet a semetipso. Tercia est hypocrisia, quando quis ostendit se habere bonum quod non habet, aut occultat malum quod habet. Quarta est contemptus seu despectus alterius, quando quis alterius bonum minuit ut ipse melior appareat. Quinta est 5 arrogancia, quando quis mala sua malis alterius comparat, ut mala sua ex comparacione minora videantur. Sexta est obstinacio sive impudencia, quando quis de malo suo manifesto non erubescit. Septima est elacio, quando quis de malo suo sibi plaudit et gaudet.

29. Preterea tria sunt de quibus homo superbit, scilicet de bonis 10 nature, ut de pulcritudine, fortitudine, ingenio, nobilitate generis et huiusmodi. Aliud est bonum acquisitum, ut sciencia, virtus, gracia, fama, dignitas et huiusmodi. Tercium est bonum temporale, ut peccunia, possessio, vestes preciose, equitatura, familia, honor secularis et huius-modi.      15

30. De invidia nascuntur gaudium de malo alterius et tristicia de bono alterius. Hoc autem fieri potest aut in corde per voluntatem; aut in ore per detractionem; aut in opere per boni subtractionem, aut per mali suggestionem.

31. De ira nascuntur rixe, cordis inflacio, rancor animi, indignacio, 20 mine, opprobria, blasphemie.

32. De accidia nascuntur tristicia, malicia, desperacio, negligencia circa Dei mandata, cordis evagacio circa prohibita.

33. De avaricia oriuntur fraudes, doli, periuria, inquietudo, violencia, cordis duricia sive inflexibilitas ad misericordiam.      25

34. De gula oriuntur vana leticia, levitas, immundicia, debilitas intellectus, multiloquium.

35. De luxuria oriuntur cordis cecitas, instabilitas in oracione, impetuositas, dilectio sui, contemptus Dei, amor presentis seculi, desperacio futuri.      30

36. Hec sunt septem peccatorum genera que dicuntur mortalia, quorum prima tria, scilicet superbia, invidia, ira, peccatorem spoliant; quartum flagellat; quintum deicit; sextum decipit; septimum redigit in servitutem. Superbia namque aufert Deum homini, invidia proximum, ira seipsum; accidia torquet, avaricia deicit, gula decipit, luxuria ducit 35 ad servitutem.

---

4 contemptus: Dei *add.* B     5 melior: sanctior D     23 evagacio: levitas A
24 inquietudo: ingratitudo A     28 oriuntur *om.* AC     31 septem *om.* AB
35 luxuria subicit servituti CD

31–6 Cf. *De Sac.*, II, 13, c. 1: 'Ex iis tria hominem exspoliant, quartum flagellat spoliatum; . . . luxuria seductum servituti subjicit.', *PL* 176, col. 525; the same passage occurs in *De V Sept.*, c. 2, *PL* 175, col. 406, Baron, p. 104.

bono quod habet ex alio, vel de malo quod habet a seipso. Tercia species est ypocrisis, quando homo se fingit habere bona que non habet, vel abscondit mala que habet. Quarta species est despectus alterius, quando homo alterius bonum minuit ut ipse melior apparere possit. Quinta species est arrogancia, quando homo facit comparacionem inter mala sua propria et mala aliena, ut sua mala minora possint apparere. Sexta species est impudencia sive inverecundia, quando homo non habet signum pudoris de malo aperto. Septima species est elacio, quando homo gaudet de malo proprio.

29. Et hic scire debes quod tria sunt ex quibus homo fit superbus; videlicet, bonum nature, sicut pulcritudo, fortitudo, ingenium et nobilitas cognacionis. Secundum est bonum fortune, scilicet bonum quod homo adquirit, ut sciencia, virtus, gracia, bona fama et dignitas. Tercium est bonum temporale, velut victus, vestitus, domus, redditus, possessiones, familia, equitatura, et consimilis honor seculi.

30. De invidia nascuntur gaudium alterius mali et dolor alterius boni, et hoc potest esse in corde, per afflictionem; vel in ore, per detractionem; aut in opere, per subtractionem boni vel incitamentum mali.

31. De ira nascuntur rixe, contenciones, inflacio cordis, verba prava, dedignacio, blasfemia.

32. De tristicia vel accidia nascuntur malicie, rancor animi, mine, desperacio, negligencia circa Dei precepta, vagacio mentis erga illicita.

33. De avaricia nascuntur dolus, periurium, inquietudo, violencia et duricia cordis contra misericordiam.

34. De gula nascuntur inepta leticia, luxuria, immundicia, multiloquium et debilis intellectus.

35. De luxuria nascuntur cecitas cordis, oracionis instabilitas, inpetuositas, precipitacio, amor sui, odium Dei, affectus presentis seculi, horror et desperacio futuri.

36. Ista sunt septem peccata mortalia, et bene dicuntur mortalia, nam prima tria miserum peccatorem et captivum spoliant, et quartum ipsum verberat; quintum eum prosternit; sextum illum decipit; septimum ipsum in servitutem redigit. Superbia namque aufert ab homine suum Deum, invidia suum proximum, ira seipsum; accidia ipsum tormentat, avaricia precipitat, gula decipit et luxuria in vilissimam servitutem eum ponit.

---

19 mali: M2 here interpolates a marginal note from M1: 'Augustinus. Homines alterutrum comedunt ut pisces forciores devorant inferiores.'

## De septem virtutibus evangelicis
## Capitulum 8

37. Remedia contra dicta septem vicia ponit Dominus in evangelio, scilicet septem virtutes sive beatitudines, sic dicens: 'Beati pauperes spiritu', id est humiles, 'quoniam ipsorum est regnum celorum.' Hoc est 5 contra superbiam que Deum aufert homini. 'Beati mites', id est benigni, 'quoniam ipsi possidebunt terram.' Mites benigni sunt ad proximum; hoc est contra invidiam per quam aufertur proximus. 'Beati lugentes, quoniam ipsi consolabuntur.' Hoc est contra iram que aufert homini semetipsum. 'Beati misericordes, quoniam ipsi misericordiam conse- 10 quentur.' Hoc est contra avariciam que de nullo habet misericordiam. 'Beati qui esuriunt et siciunt iusticiam, quoniam ipsi saturabuntur.' Hoc est contra accidiam et negligenciam. 'Beati mundo corde, quoniam ipsi Deum videbunt.' Hoc est contra gulam que semper cogitat de carnalitate. 'Beati pacifici, quoniam filii Dei vocabuntur.' Hoc est contra 15 luxuriam que non permittit hominem habere cor pacatum.

38. Ista sunt remedia contra priora vicia: quisquis ergo beneplacitam Deo cupit agere penitenciam, primo confessori suo ex integro confiteatur peccata sua. Postea corde, ore et opere veram exhibeat humilitatem, et hoc contra superbiam. De bonis cuiuscumque gaudeat, et de malis 20 doleat ex vero corde, et hoc contra invidiam; et eciam ad omnes habeat puram dilectionem. Contra iram pacienciam habeat, mansuetudinem et longanimitatem. Contra accidiam habeat pronitatem sive promptitudinem et devocionem ad omne opus bonum. Contra avariciam habeat largitatem ad pauperes secundum suas facultates. Contra luxuriam, 25 cordis, oris et operis habeat castitatem. Contra gulam tam in cibo quam in potu, teneat mensuram, et in potu precipue. Per ebrietatem enim multi perierunt, tam in corpore quam in anima; et eciam ex potu nimio multe perveniunt infirmitates, ut gutte, febres, apostemata, dolores capitis, hydropisis, et huiusmodi.                                    30

---

1 *tit. om.* D          15 quoniam: ipsi *add.* C          16 pacatum: Deo paratum D
17 vicia: peccata A          20 cuiuscumque: quisque A          24 ad . . . bonum:
ad omnes AB          28 ex potu: ex nimio potu multi pulcri baralarii [*sic*] perierunt
D, *et textus recensionis Bodley 54 usque ad finem sequitur*          30 hydropisis *om.* A

---

3–16 Matth. v. 3–9; for the beatitudes as remedies against the 7 deadly sins see *De V Sept.*, cc. 3–4, *PL* 175, coll. 407–10, and *De Sac.*, II, 13, c. 2, *PL* 176, col. 527.
10–12 Beati . . . saturabuntur: this reverses the order of Matth. v. 6–7.

## De septem virtutibus evangelii
## Capitulum 9

37. Remedia contra ista septem vicia ponit Dominus noster in evangelio septem virtutes, et ait isto modo: 'Beati pauperes spiritu, quoniam 5 ipsorum est regnum celorum', et hoc est contra superbiam, que aufert ab homine suum Deum. 'Beati mites', id est erga proximum suum, 'quoniam ipsi possidebunt terram', scilicet perpetuam, et hoc est contra invidiam, que tollit ab homine suum proximum. 'Beati qui lugent, quoniam ipsi consolabuntur'; hoc est contra iram, que tollit ab homine 10 seipsum. 'Beati misericordes', id est qui miserentur aliis, 'quoniam ipsi misericordiam consequentur', scilicet a Deo, et hoc est contra avariciam, que de nullo habet misericordiam vel pietatem. 'Beati qui esuriunt et siciunt iusticiam', id est post iusticiam, 'quoniam ipsi saturabuntur.' Hoc est contra accidiam et negligenciam. 'Beati mundo corde, quoniam 15 ipsi Deum videbunt', et hoc est contra gulam, que semper cogitat de carnalitate et superfluitate. 'Beati pacifici, quoniam filii Dei vocabuntur'; hoc est contra luxuriam, nam luxuriosus nunquam potest habere pacem cordis vel requiem mentis.

38. Similiter, contra superbiam debet homo habere in corde, in 20 verbis et in operibus veram humilitatem; contra invidiam gaudium de bono alterius et dolorem de eius malo, et erga quemlibet amiciciam. Contra iram debet habere pacienciam et mansuetudinem; contra accidiam agilitatem et fortitudinem cordis et corporis in servicio Dei, et aliis bonis operibus; contra avariciam largitatem, ut det de bonis suis 25 pauperibus, et bono corde secundum quod potest. Contra luxuriam debet esse castus corde, corpore et loquela. Contra gulam debet habere mensuram in seipso cibi et potus, et maxime potus: nam per nimium potum multi pulcri iuvenes perierunt, et virgines plures virginitatem amiserunt, et multi boni homines et mulieres castitatem amiserunt; 30 ydropisis et febris, gutta et apostemata, dolor dencium et alie varie infirmitates, plures quam scio nominare, multociens ex superfluitate potus eveniunt. Ista sunt septem antidota contra predicta septem venena. Ideoque accipe istas salutiferas medicinas contra predictas mortiferas infirmitates.

---

1 evangelii: contra predicta vii vicia ponit Dominus remedia *add.* L; et remedia contra vii vicia *add.* P.    12–13 et siciunt *om.* E    27–8 nimium potum: vinum Bi

## De septem donis Spiritus sancti et eorum sufficiencia
### Capitulum 9

39. Visis infirmitatibus anime et earum remediis, videndum est qualiter noster medicus sanatos a morbis per suas medicinas in virtutibus corroborat, et confirmat per septem dona Spiritus sancti; que sunt 5 spiritus sapiencie et intellectus, spiritus consilii et fortitudinis, spiritus sciencie et pietatis, spiritus timoris Domini.

40. Per hec septem docet Deus hominem quicquid ei necessarium est, tam quoad vitam activam, quam quoad vitam contemplativam, hoc modo. Unicuique fideli primum est necessarium declinare a malo, postea facere 10 bonum. Primum docet spiritus timoris Domini, secundum docet spiritus pietatis. Et quia duo sunt que perturbant hominem et impediunt a bono faciendo, scilicet seculi prosperitas, que decipit per blandicias, et adversitas, que deicit per molestias, ideo contempne delicias et prospera, ne decipiaris; et adversa pacienter sustine, ne vincaris. 15 Primum docet spiritus sciencie, secundum spiritus fortitudinis. Hec autem quatuor active vite sufficiunt; reliqua vero contemplative.

41. Sunt autem tria contemplacionis genera: unum scilicet in creaturis, aliud in scripturis, terciam in ipso Deo. Primum docet spiritus intelligencie; secundum vero, ubi docetur quid agendum, quid fugien- 20 dum, docet spiritus consilii; tercium docet spiritus sapiencie. Sic ergo videre possumus quam solicitus est dulcis Iesus circa nostram salutem.

## De decem mandatis decalogi
### Capitulum 10

42. Hiis igitur breviter prelibatis dicendum est de decem decalogi 25 mandatis. Primum est quod cum magna humilitate et grandi reverencia serviendum est Deo, qui honorandus est et adorandus solus Deus, qui creavit angelos, celum et terram, mare et omnia que in eis sunt: et hoc

---

8 est: ad salutem *add.* BC       13 seculi *om.* BC       15 decipiaris: et hoc docet spiritus sciencie *add.* BC       vincaris: et hoc docet spiritus fortitudinis *add.* BC 16 Primum . . . fortitudinis *om.* BC

---

3–5 Visis . . . sancti: cf. *De V Sept.*, c. 5, *PL* 175, coll. 410–11: 'Singula vitia singulas medicinas habeat; septem vitia, septem spiritus, quot morbi, tot medicine.'
6–7 Is. xi. 2–3.
8–17 For the appropriation of the gifts to the active and contemplative lives see *Liber Anselmi Archiepiscopi de humanis moribus per similitudines*, edd. R. W. Southern and F. S. Schmitt, 1969, c. 132, p. 89.
10–11 declinare . . . bonum: Ps. xxxvi. 27.
18–19 See above, c. 5. 18.

## De septem donis Spiritus sancti
## Capitulum 10

39. Iam habes infirmitates et earum medicinas. Postea venit summus medicus, et accipit suas medicinas et curat hominem de istis septem
5 infirmitatibus, et ipsum confirmat in illis septem virtutibus per dona sancti Spiritus, que sunt ista: spiritus sapiencie et intellectus, spiritus consilii et fortitudinis, spiritus sciencie et pietatis, et spiritus timoris Domini.

40. Per ista septem dona docet Dominus noster hominem quicquid
10 fuerit sibi necessarium ad vitam activam et ad vitam contemplativam. Et vide qualiter. Primo debet homo dimittere malum; hoc docet spiritus timoris Domini; et postea facere bonum, et hoc docet spiritus pietatis. Et quia duo sunt que impediunt hominem benefacere, videlicet prosperitas et adversitas illius mundi, prosperitas enim decipit per
15 blandiciam, adversitas per duriciam, ideo despicere debes prosperitates istius seculi, ne decipiaris, et hoc te docet spiritus sciencie; et fortiter debes sustinere eius adversitates, ne per eas vincaris, et hoc te docet spiritus fortitudinis. Et ista quatuor sufficiunt ad vitam activam. Alia vero tria dona pertinent ad vitam contemplativam.

20 41. Nam tres sunt modi contemplacionis, unus in creaturis, et istum docet spiritus intellectus; alius est in scripturis, ubi potes videre quid debes agere et quid dimittere, et hunc docet spiritus consilii; tercius modus est in Deo, et istum modum docet spiritus sapiencie. Modo vide quam promptus et assiduus est noster Dominus Iesus Christus
25 circa nostram sanitatem!

## De decem mandatis Dei
## Capitulum 11

42. Post hec debes scire que sunt decem precepta Dei. Primum mandatum est tale: 'Non adorabis deos alienos, sed Dominum Deum
30 tuum adorabis et illi soli servies', id est adora Deum per rectam fidem,

---

1 sancti: et eorum sufficiencia add. M     25 sanitatem: hic desinit G2     26 Dei om. HK; De decem preceptis LBi, Dei add. Bi; De mandatis Domini et eorum sufficiencia M1Q

---

28 Dei: M2 here inserts a marginal note from M1 (which correctly cites the source as Augustinus, De gracia et libero arbitrio): 'Augustinus. Ideo divina precepta data sunt ut homo excusacionem de ignorancia non haberet'; see De gracia, PL 44, col. 882.
29–30 Ex. xx. 3–5; Deut. v. 7–9; vi. 13–14; x. 20.

est, 'Diliges Dominum Deum tuum', etc.; 'adorabis Dominum Deum tuum et illi soli servies.' Adorabis per fidem rectam, servies per opus iusticie. Hinc ergo cogitandum est si Dominum Deum tuum fideliter adorasti; si ei servisti sicut debuisti; si que Deo promisisti ei non reddidisti; si minus iuste quam debuisti penitenciam egisti; si quod in 5 baptismo spopondisti, plene persolvisti; et sic per hoc mandatum ordinatur homo ad Deum Patrem.

43. Secundum est: 'Non assumes nomen Dei tui in vanum', scilicet in iurando. Sit autem sermo vester, 'Est, est; non, non', id est sine iuramento. Licet tamen iurare sine peccato pro salvanda atque scienda 10 veritate, et pro falsitate dampnanda.

44. Tercium est: 'Observabis sabbata', id est dies festivos, ut dies dominicos, et alios quos sancta ecclesia solempnes instituit. In illis vero diebus festivis debent omnes sani corpore in ecclesia convenire, ibique in silencio et magna devocione divinum servicium et sermones audire. 15 Non ergo pigritandum est de lecto mane surgere, unde scribitur: 'Non sit vobis vanum surgere mane ad Christum, quia promisit Dominus coronam vigilantibus.' Et non pro frigore, nec sudore, nec sopore debet detineri. Tanto namque maius erit meritum, quanto gravius fuerit ad surgendum. Verbum Dei attencius audire, devocius intelligere, alios 20 audita et intellecta docere, et secundum ecclesie doctrinam vitam ducere tenetur innocuam unusquisque. 'Cum sederis mensa, primo de paupere pensa!' Videlicet, de bonis a Deo tibi collatis, libenter et benigne ac misericorditer pauperibus erogare stude, et statim post prandium Deo

---

8 Non: Ne BC      14 corpore: et anima *add.* B      17 mane: ante lucem *add.* B      22–3 Cum . . . Videlicet: Cum ad mensam sederit C;      23 tibi: sibi C 24 stude *om.* AC

---

1–2 Deut. vi. 5, 13; x. 20.

2–3 Adorabis . . . iusticie: cf. *De Sac.*, I, 12, c. 6, *PL* 176, col. 353: 'Ipsum adorabis, hoc pertinet ad fidem; et ei soli servies, hoc pertinet ad operationem. . . . Propterea adora recte credendo, servi bene operando.'

8 Ex. xx. 7; Deut. v. 11.

9 Iac. v. 12.

12 Deut. v. 12.

22–3 Cum . . pensa: this verse appears in thirteenth-century interpolated texts of the *Facetus*, see J. Morawski, *Le Facet en françoys* (1923), p. 14, n. 120; see also H. Walther, *Carmina Medii Aevi Posterioris Latina*, I, 1 (2nd ed. 1969), n. 3754; II, 1 (1963), n. 4407.

servies illi soli per bonam operacionem. Nam quilibet homo debet cum
magna humilitate et devocione servire uni soli Deo, et ipsum fideliter
adorare, qui creavit angelos, celum quoque et terram, id est ex nichilo
fecit; et debes firmiter credere sicut mortem, quod Pater et Filius et
5 Spiritus sanctus sunt tres persone et unus solus Deus. Hic debes cogitare si Dominum Deum tuum fideliter adorasti; si super omnia sibi
servivisti; si tua promissa sibi reddidisti; si tuam penitenciam veraciter
perfecisti; et si quod in baptismo promisisti, sibi fideliter tenuisti. Per
illud preceptum ordinatur homo erga Deum Patrem omnipotentem.

10 43. Secundum mandatum est tale: 'Non accipies nomen Dei tui in
vanum.' Nullus enim homo debet accipere nomen Dei sui in vanum
iurando, sed sicut dicit sanctus Paulus, sermo noster debet esse 'Est,
est; non, non', sine iuramento. Verumptamen, homo potest bene
iurare veraciter regi et aliis hominibus, ut veritas salvetur et falsitas
15 dampnetur, et hoc in iudicio, iusticia et veritate. In isto precepto pro-
hibentur mendacium, falsitas et iuramentum; et per illud preceptum
ordinatur homo versus Deum Filium, qui dicit, 'Ego sum veritas.'

44. Tercium mandatum est tale: 'Memento quod diem sabbati
sanctifices'; hoc est quodlibet festum statutum per ecclesiam ducas in
20 cordis et corporis requie et quiete, nam ita sonat hoc verbum sabbatum.
Nam quilibet homo tenetur custodire sabbata que sunt in novo testa-
mento, videlicet dies dominicas et festa sanctorum, et alia festa magna
que sunt in sancta ecclesia statuta celebranda. Modo indulge pro Deo,
nec habeas pro malo, et dicam tibi quomodo debes sabbata custodire.
25 Si sis sanus corpore, surgas de lecto tuo mane, nec dimittas pro frigore,
nec pro sompno, nec pro sudore, nam quanto es magis gravatus ad hoc
agendum, tanto plus mereberis si illud libenter facias. Deinde debes
ire ad ecclesiam, et devote matutinas dicere vel sine garula dulciter
audire, et missam et omnes horas diei. Et postea, si apud te fuerit
30 aliquis predicator proponens sermonem facere, debes verbum Dei dulciter audire, et memorie commendare, et illud opere perimplere. Et
cum fueris ad prandium, de bonis que tibi Deus accomodaverit, libenter
pauperibus distribue; et post prandium de omnibus suis beneficiis Deo
gracias age. Et posterius, non ibis ad tabernam, ad luctaciones vel ad

12 Paulus *codd., sed recte* Iacobus     17 Ego sum veritas: Ego sum via, veritas
et vita G1MS

15 et hoc. . . . veritate: cf. Hieronymus, *Comm. in Jeremiam*, I, c. 4, 'Animadver-
tendum quod jusjurandum hos habeat comites veritatem, judicium atque justitiam.'
*PL* 24, col. 706; quoted in Petrus Pictav., *Sent.*, IV, c. 6, *PL* 211, col. 1158A.
17 Ioan. xiv. 6.
18–19 Ex. xx. 8.

gracias agere; postea infirmos visitare, mestos consolari, et alia misericordie opera propensius exercere, et sic sabbata celebrare teneris.

45. Per primum igitur ordinatur homo ad Deum Patrem; per
secundum ad Filium, qui dicit, 'Ego sum via, veritas et vita.' Et per hoc
prohibetur mendacium, fraus, dolus, falsitas, et omne iuramentum, nisi 5
necessarium. Per tercium ordinatur homo ad suscipiendum Spiritum
sanctum. Hec ergo tria docent qualiter homo debeat ordinari ad unum
Deum in Trinitate personarum, ad cuius similitudinem in anima est
creatus.

46. Reliqua vero septem mandata ordinant hominem erga proximum 10
suum, quorum primum est, 'Honora patrem et matrem', scilicet parentes
carnales et spirituales; et hoc duobus modis, scilicet ut eis obedias cum
debita reverencia, et eis adiutorium prestes et temporale subsidium,
secundum tuum posse, et hoc in omnibus eorum necessitatibus, 'ut sis
longevus in terra vivencium.' Et hoc iustum est, quod si vis longe vite, 15
honores eos per quos habes vitam; quia qui contempnit eos per quos est,
non est iustum quod amplius sit id quod est.

47. Secundum mandatum de reliquis septem est quod 'Non occides.'
Et sciendum quod multis modis homicidium perpetratur, scilicet manu,
corde et lingua. Primum fit quando quis hominem manu, id est violenter, 20
occidit; aut quando quis ponit alium in locum mortis, ut in carcere, aut
alibi ubi possit esse mortis occasio. Homicidium vero lingue duplex est,
aut precepto, aut suggestione. Homicidium quoque cordis similiter
duplex est, ut quando quis alterius mortem desiderat, aut quando quis
permittit alterum mortem subire, cum eundem posset a morte liberare. 25

48. Tercium mandatum est, 'Non mechaberis.' Iustum est enim ut
qui vult in celo vivere sine corrupcione, vitam suam mortalem in terris
servet a corporis contagione.

49. Quartum est, 'Non furtum nec fraudem facies.' Iustum est enim
ut qui alterius vite parcere tenetur, nichil auferat quod alterius vitam 30
sustinere posset.

---

2 propensius: id est magis assidue *add.* C      12 obedias *om.* A      13 et eis *om.* A

---

3–11 Per . . . suum: cf. *De Sac.*, I, 12, c. 6, *PL* 176, coll. 352–5; see also Petrus
Pictav., *Sent.*, IV, c. 4, *PL* 211, coll. 1149–50.
11–15 Ex. xx. 12; Deut. v. 16; this passage summarizes the exposition in *De Sac.*,
I, 12, c. 7, *PL* 176 coll. 355–6.
15–17 Cf. *De Sac.*, I, 12, c. 8, 'quoniam qui non honorat eum a quo est, dignus est
ut retinere non possit id quod est', loc. cit., col. 359.
18 Ex. xx. 13; Deut. v. 17; the exposition of this commandment is very close to its
source in *De Sac.*, I, 12, c. 7: 'Homicidium sit multis modis, manu, lingua, consensu. . . .',
*PL* 176, col. 356B.
26 Ex. xx. 14; Deut. v. 18.

coreas, nec ad alios ludos vanos; nam de talibus sepe eveniunt infortunia et peccata mortalia. Sed potius debes miseros et languidos visitare, et ita dies festivales in servicio Dei finire. Et illud preceptum ordinat hominem ad recipiendum Spiritum sanctum.

5   45. Ista tria mandata instruunt hominem quomodo se debet habere erga Deum Trinitatem, ad cuius similitudinem in anima creatur.

46. Sed septem alia docent hominem qualis se debet habere versus proximum, quorum primum, et quartum in ordine, est hoc: 'Honora patrem et matrem', scilicet carnalem et spiritualem, et hoc duobus
10 modis: scilicet quod debes illis obedire et revereri, ac eciam debes illos adiuvare secundum tuam potestatem, in omnibus quibus indigent; 'ut sis longevus super terram vivencium.' Iustum enim est, si desideras esse longe vite et eterne, quod honores illos per quos habes tuam vitam temporalem. Nam qui non vult honorare illos per quos est,
15 non est iustum quod sit amplius illud quod est.

47. Quintum mandatum est tale: 'Non occides', scilicet hominem. Hic debes scire quod homicidium est multis modis. Est enim homicidium manus, lingue et cordis. Homicidium per manus est quando unus homo occidit alium propriis manibus, et quando ipsum ponit in loco
20 mortis, sicut in carcere, vel in alio loco qui posset esse occasio mortis. Homicidium lingue est duobus modis, videlicet per imperium et per incitamentum. Homicidium vero cordis similiter est duobus modis, scilicet quando homo cupit et desiderat mortem alterius, vel quando patitur hominem mori, et non vult illum a morte liberare, si habuerit
25 potestatem.

48. Sextum mandatum est hoc: 'Non mechaberis.' Dignum enim est, ut qui vult habere vitam sine corrupcione in celi gaudio, oportet quod custodiet vitam sine corrupcione corporis in hoc mundo.

49. Septimum preceptum est illud: 'Non furtum facies', et hoc est
30 iustum, nam qui vult vitam alterius conservare et non disperdere, non debet illa tollere que vitam suam deberent sustentare.

---

2 visitare: proximos concordare et sancta loca visitare *add.* P

---

[*cont. from p. 58*]
26-8 Iustum ... contagione: cf. *De Sac.*, I, 12, c. 8, loc. cit., col. 360: 'Justum enim est ut in via vitae corruptionem caveat, qui in patria vitam incorruptam exspectat.'
29 Ex. xx. 15; Deut. v. 19.
29-31 Iustum ... posset: this condenses the much longer passage in *De Sac.*, I, 12, c. 8, loc. cit., col. 360.

50. Quintum est enim, 'Non falsum testimonium perhibebis contra proximum tuum.' Et hoc iustum est, quod qui non vult dampnum inferre proximis per se, nec debet nocere volenti consentire, nec auxilium, nec consilium prestare.

51. Sextum est, 'Non concupisces uxorem proximi tui, nec ancillam', nec aliquam aliam, nisi tuam, scilicet tu qui vir es; nec eciam servum eius, nec aliquem alium, nisi maritum tuum, tu que mulier es.

52. Septimum est, 'Non concupisces rem proximi tui.' Et hec duo concordant duobus mandatis precedentibus, scilicet 'Non mechaberis', 'non furtum facies.' Nam qui malam in corde gestat voluntatem, non potest diu a malis abstinere; unde si non vis furari, nec mechari, non concupisces rem alterius.

53. Hec sunt decem precepta a Deo data in monte Synai, quorum prima tria pertinent ad dilectionem Dei, et reliqua septem ad dilectionem proximi.

## De septem virtutibus et earum sufficiencia
### Capitulum 11

54. Post hec sciendum est que sunt virtutes septem; quatuor scilicet cardinales, et tres theologice, que sunt fides, spes, caritas, iusticia, temperancia, fortitudo et prudencia. Decem mandatis et dicte septem virtutes uno modo se habent: in hoc tamen differunt, quia decem precepta docent que sunt facienda, dicte vero septem virtutes instruunt modum faciendi. Tres prime, scilicet fides, spes, caritas, ordinant animam ad Deum, docentes qualiter erga Deum vivendum sit. Quatuor alie docent qualiter quisque vitam suam in seipso ordinare debeat, ut viam in celo sibi valeat preparare.

55. Creati namque sumus omnes ad eundem finem, scilicet ad ipsum Deum cognoscendum, habendum et amandum. Tria vero necessaria sunt ad hunc finem ut perveniamus, scilicet ut sciamus quo tendere debeamus, et ut huc pervenire velimus, et ut perveniendi fiduciam habeamus.

---

1 perhibebis: dices BC     6–7 nec eciam . . . es *om.* B     16 virtutibus: cardinalibus *add.* A     sufficiencia: scilicet fide, spe, caritate, prudencia, iusticia, fortitudine, temperancia *add.* C

---

1–2 Ex. xx. 16; Deut. v. 20.
2–4 Et . . . prestare: cf. *De Sac.*, I, 12, c. 8, *PL* 176, col. 360.
5 Ex. xx. 17; Deut. v. 21.
8 Ex. xx. 17; Deut. v. 21.
8–12 Et . . . alterius: cf. *De Sac.*, I, 12, c. 7, *PL* 176, coll. 358–9.
16 Edmund's teaching on the virtues in this chapter, and in chapter 13, marks a stage in the development of the doctrine, between Hugo (and later twelfth-century theologians), and the *Summa Aurea*; the same stage is reflected in Thomas de Chobham, *Summa Confessorum.*

50. Octavum mandatum est illud: 'Non dices contra proximum tuum falsum testimonium', scilicet cum illis qui volunt occidere illum, aut sibi aliquo modo nocere; et hoc iustum est, nam qui non vult suo proximo dampnum facere per se, nec debet alteri, qui sibi dampnum facit, con-
5 sentire, nec consulere, nec auxiliari.

51. Nonum mandatum est illud: 'Non concupisces uxorem proximi tui', in quo intelligitur quod nullus homo concupisceret uxorem proximi, nec ancillam, neque aliquam aliam feminam; et quod e contrario nulla mulier concupisceret aliquem hominem mundi cum amore carnali.

10 52. Decimum mandatum est hoc: 'Non concupisces rem proximi tui.' Ista duo ultima precepta concordant ad alia duo precedencia, ista scilicet, 'Non mechaberis', 'nec furtum facies.' Nam qui habet malam voluntatem et malam intencionem in suo corde, non potest se diu a malo opere abstinere. Et ideo si non vis facere luxuriam in opere, tu homo non
15 concupiscas feminam; nec femina virum cum mala cordis intencione. Et si non vis furari, non concupiscas aliena in tuo corde.

53. Ista sunt decem mandata que Deus dedit Moysi in monte Synai, quorum tria prima pertinent ad amorem Dei, et alia septem ad amorem nostri et proximi.

20 *De tribus virtutibus theologicis, fide, spe et caritate*
*Capitulum 12*

54. Ulterius scire debes que sunt septem virtutes, scilicet fides, spes, caritas, prudencia, iusticia, temperancia et fortitudo. De una vero et eadem materia sunt decem mandata et iste septem virtutes, sed hec est
25 differencia: quod decem mandata nos docent quid debemus facere, et iste septem virtutes nos docent modum faciendi. Tres prime virtutes, scilicet fides, spes et caritas, nos ordinant quomodo debemus vivere quantum ad Deum. Alie quatuor nos informant qualiter debemus ordinare nostram vitam in isto mundo, ut nos perducant ad gaudia celi.

30 55. Scire enim debes quod nos omnes sumus propter unum finem creati, scilicet ad cognoscendum Deum, habendum et amandum. Sed tria sunt necessaria ad perveniendum ad bonum finem, scilicet ut sciamus quo debemus tendere, ut ardenter desideremus venire, et ut firmiter speremus illuc pervenire. Nam magna stulticia esset homini
35 unum opus incipere quod non posset consummari.

3 nocere: consentire *add.* Q, consentire non debes *add.* G1MS    20 tribus: istis Bi, *om.* FT    theologicis *om.* JBi, theologie M1S, scilicet *add.* M1OQS    De septem virtutibus et earum sufficiencia M2; De tribus virtutibus theologicis N    caritate: vel amore et earum sufficiencia *add.* JBi

56. Item, qui voluerit bene operari, necesse est ut sciat, velit et possit facere. Stultum est enim incipere quod ab incipiente non potest consummari. Sed quia nichil horum a nobis habemus, scilicet nec scire, nec velle, nec posse, ideo dedit nobis Deus fidem, per quam implere possumus potencie nostre defectum; spem, ad supplendum nostre 5 sciencie profectum; caritatem, ut nostram ordinemus voluntatem ad utrumque. Fides enim ordinat nos Patri, cui potestas appropriatur; spes ad Filium, cui sapiencia appropriatur; caritas Spiritui sancto, cui appropriatur bonitas sive dilectio.

57. Fides ergo de Deo nobis dat cognicionem, que dictat nobis quod 10 multum mirabiliter Deus est benignus, liberalis et largus; qui tam copiose, tam malis quam bonis, sua munera largitur, ex quo spes oritur. Cum enim tanta beneficia, que videmus, donat malignis, et multa meliora reservet benignis et bonis, secure speramus. Ex cognicione, que nobis dictat quod super omnia summe bonus est, oritur tercia virtus in 15 cordibus nostris, que est caritas sive dilectio; quia unumquodque bonum diligit et appetit naturaliter.

## De duodecim articulis fidei et septem sacramentis
## Capitulum 12

58. Consequenter quia tactum est de fide, dicendum est de articulis 20 fidei, quorum primus est: Pater et Filius et Spiritus sanctus, sive Trinitas sancta Deus unus est, sine principio et sine fine; qui creavit angelos, celum, terram, mare et omnia que in eis sunt, per verbum suum ex nichilo.

59. Secundus est Dei Filius Deus sumpsit carnem et sanguinem de 25 Virgine Maria beatissima, ex qua natus Iesus Christus, verus Deus et verus Homo.

60. Tercius est Filius Dei, qui et Virginis filius, passus est, crucifixus, mortuus et sepultus; et hoc spontaneus et non invitus, ad redempcionem et liberacionem nostram a morte, hoc est ab infernali captivitate. Cuius 30 anima, cum sua deitate, descendit ad inferos, et ab inferis suos liberavit, quos eterne vite restituit.

61. Quartus est Iesus Christus, Deus et Homo, a morte resurrexit ad vitam, et nos similiter resurgemus.

---

4 implere: supplere BC        9 sive dilectio *om.* BC        12 munera *om.* A, bona C        16 bonum *om.* A        18 duodecim *om.* C        21 sanctus: scilicet tres persone *add.* BC

---

10–17 These points are taken up again in the contemplation in c. 29 (132) below.
20–p. 64, l. 2 For the grouping of the articles of the creed into five distinctions see A. Wilmart, *Auteurs spirituels*, Paris, 1932, pp. 56–63.

56. Ex alia parte, si aliquis vellet benefacere, oporteret illum ista tria habere, scienciam, potenciam et voluntatem. Hoc est, ut sciat benefacere, et possit benefacere, et velit benefacere. Sed quia non habemus scienciam, potenciam, nec voluntatem ex nobismetipsis, ideo 5 donavit nobis Deus fidem, ad implendum defectum nostre cognicionis; spem ad perimplendum defectum nostre potestatis; caritatem ad ordinandum nostram voluntatem ad unum et aliud. Fides nos ordinat ad Deum Filium, cui appropriatur sapiencia; spes ad Deum Patrem, cui appropriatur potestas; amor et caritas ad Deum Spiritum sanctum, cui 10 appropriatur bonitas.

57. Et ideo fides nos facit cognicionem Dei habere, et ipsa cognicio nobis indicat quod ipse Deus est mirabiliter liberalis, qui in tali modo et tam large nobis prebet de suis bonis. Et de hac venit spes. De eadem cognicione, que dicit nobis quod ipse est summe bonus, venit tercia 15 virtus, que est caritas vel amor, nam quelibet res naturaliter amat bonum.

## De duodecim articulis fidei
### Capitulum 13

58. Hic debes cognoscere qui sunt duodecim articuli fidei, et septem sacramenta. Et scias quod primus articulus fidei est quod Pater et 20 Filius et Spiritus sanctus sunt unus Deus et tres persone; et ille idem Deus, qui est unus in essencia et trinus in personis, est et fuit absque principio, et erit sine fine; qui eciam verbo creavit celum et terram et omnia que in eis sunt, id est de nichilo formavit.

59. Secundus articulus est quod Filius Dei fuit incarnatus et accepit 25 carnem et sanguinem ex Virgine Maria, et de eadem Virgine fuit natus, verus Deus et verus Homo.

60. Tercius articulus est quod idem Iesus, Filius Dei et beate Virginis Marie, fuit passus, crucifixus, mortuus et honeste sepultus. Istam passionem gratis sustulit et de sua bona voluntate, ut nos redi-30 meret ab infernali captivitate. Anima sua descendit ad inferna cum deitate, corpore manente in sepulcro, et extraxit secum animas, que in terra fecerunt suam voluntatem.

61. Quartus articulus est quod idem Iesus Christus, verus Deus et verus Homo, tercia die resurrexit a mortuis in carne glorificata, atque 35 Marie Magdalene, eius apostolis et discipulis sepius apparuit, et cum illis loquebatur et comedit; et quod nos per suam resurrectionem, cum eodem corpore quod in hoc mundo habemus, de morte ad vitam resurgemus.

16 cap. 15, De 4 virtutibus cardinalibus, *hic seq.* S

62. Quintus est ipse Deus et Homo celos ascendit in sua humanitate, et nos similiter ascendemus.

63. Sextus est quod in baptismo relaxatur originale peccatum, quod a primis parentibus contractum est, et eciam omne actuale; et purgatis gracia donatur.

5

64. Septimus est confirmacio per episcopum, qui confirmat in baptizato Spiritum sanctum.

---

3 est: et primum sacramentum *add.* B      4 purgatis: purgacionis B
6 Septimus: et secundum sacramentum *add.* B      episcopum: spiritum A C2C3

62. Quintus articulus est quod idem Iesus Christus, verus Deus et verus Homo, ad celos ascendit, et per illum ad celum nos ascendemus, si absque mortali peccato de hoc mundo capti fuerimus. Et de celo suis apostolis misit Spiritum sanctum; et in die iudicii inde venturus est in 5 sua humanitate iudicare vivos et mortuos, secundum opera sua recepturos. Septem articuli qui sequuntur septem ecclesie sacramenta, que sunt remedia homini contra peccatum originale, mortale et veniale.

## De septem sacramentis ecclesie
### Capitulum 14

10 63. Primum sacramentum ecclesie est baptismus. Dominus noster Iesus Christus in Jordanis flumine se fecit baptizari ad sanctificandum baptismi sacramentum. Per virtutem enim verborum et baptismi effugatur diabolus ab infante, deleturque eius originale peccatum quod traxit a parentibus, et infunditur gracia baptizato. Et si infans natus 15 fuerit in periculo mortis, nec sit copia sacerdotis, tunc laycus vel mulier debet sic dicere: 'Ego baptizo te in nomine Patris et Filii et Spiritus sancti, Amen', et ponere aquam super puerum, et imponere sibi nomen; et hoc sufficit ad salutem anime infantis. Si aliquis infans inventus fuerit, et nesciatur utrum sit baptizatus vel non, tunc dicet capellanus 20 puero: 'Si non es baptizatus ego baptizo te in nomine Patris', etc. Illi qui tenent puerum ad fontem docerent illum oracionem dominicam et symbolum apostolorum, quia nullus potest salvari nisi per baptismum et fidem. Et caveat sacerdos ne ponat iterum puerum in aqua si fuerit prius baptizatus a layco vel a sacerdote, ne fiat irregularis, et puer 25 similiter, secundum decretum.

64. Secundum sacramentum est confirmacio, que Spiritum sanctum in homine baptizato confirmat et conservat. Infra quinque annos ad ultimum postquam infans natus fuerit, debet confirmari de manu episcopi. Si enim pretereat illud tempus per negligenciam, cadit in

8 ecclesie *om.* EHM1    21 dominicam: et Ave Maria *add.* M    27 quinque: septem M

10-11 Matth. iii. 13-17; Marc. i. 9-11; Luc. iii. 21-2.

14-18 Et . . . infantis: cf. Gratianus, *Decretum*, II C. xxx, q. I, c. viii, ed. Friedberg, pp. 1098-9.

18-25 Si . . . decretum: for the details of this and the following section see, for example, the Statutes of Salisbury I, 1217-19, *Councils and Synods*, II, pp. 67-71.

25 E gives the reference in the margin: De cons., d. 4, c. *qui bis*, et c. *se*, see *Decretum*, III, d. IV cc. cxvii-viii, Friedberg, pp. 1397-8.

27 quinque: five of the seven mss. of the Statutes of Salisbury I give this age limit, the other two give seven years; five is the age of reason according to Honorius Augustod., *Elucidarium*, II, *PL* 172, col. 1149.

65. Octavus est penitencia, que delet omne peccatum contractum post baptismum, tam mortale quam veniale.

66. Nonus est sacramentum altaris, quod confirmat penitentes, et dat fortitudinem resistendi peccato, consulit et sustinet penitentem, ne reclinet in peccatum.

5

67. Decimus est ordo, qui dat potestatem ordinatis ministrandi in officio suo, et conficiendi sacramenta.

68. Undecimus est matrimonium, quod tollit peccatum in opere generacionis inter virum et uxorem.

.

1 Octavus: et tercium sacramentum *add*. B          3 Nonus: et quartum sacramen- tum *add*. B          5 reclinet: reincidat B          6 Decimus: et quintum sacramentum *add*. B          8 Undecimus: articulus et sextum sacramentum *add*. B          peccatum: mortale *add*. B

mortale peccatum, et debet bene confiteri antequam fuerit confirmatus. Parentes itaque debent se custodire ne ipsimet teneant suum infantem coram episcopo ad confirmandum.

65. Tercium sacramentum est penitencia, que delet omne peccatum
5 actuale, veniale et mortale. Istud sacramentum constituit Filius Dei qui, de celo in terram veniens, humiliter fecit penitenciam, non pro se, sed pro sue gentis salvacione. Et sanctus Iohannes Baptista predicavit penitenciam in remissionem peccatorum. Penitencia enim cum cordis contricione, oris confessione, et operis satisfactione, et cum
10 humilitate, expellit inimicum a corde penitentis, et destruit mortale peccatum, et retrahit hominem ad suum creatorem, et ducit animam ad magnum gaudium et claritatem.

66. Quartum est sacramentum altaris, quod confirmat penitentem et confortat, ne recidivet, et iterum in peccatum cadat, ipsumque re-
15 conciliat et sustentat. Cum enim Iesus Christus cenavit cum suis discipulis carissimis, ordinavit illud sacramentum in commemoracionem sue passionis. Et ideo quilibet Christianus ad minus semel in anno debet communicari, scilicet in die Pasce, cum magna devocione.

67. Quintum sacramentum est ordo, qui confert potestatem ordinatis
20 ad faciendum suum officium, et ad sacramenta celebrandum. Dominus namque Iesus omnipotens Deus dedit potestatem sacerdotibus et prelatis ecclesie, ut alios adiuvarent et in fide informarent, ut ligarent et solverent, id est a peccatis; et ut sacramenta illis ministrarent, et precipue sacramentum eucaristie, quod conficitur per virtutem
25 verborum a vero sacerdote prolatorum: nam in tribus sunt virtutes, scilicet in lapidibus, herbis et verbis.

68. Sextum sacramentum est matrimonium, quod excludit mortale peccatum in opere generacionis inter virum et mulierem. Deus, qui est summe bonus et summe sapiens, ordinavit in paradiso terrestri in-
30 ter Adam et Evam sacramentum matrimonii. Matrimonium est inter hominem et mulierem coniunctio tam fortis quod non possunt separari in sua vita, nisi per iudicium sancte ecclesie, aut per mortem. Deus eciam omnipotens ordinavit matrimonium propter filiorum procreacionem, et propter castitatem servandam. Verumptamen coniugati
35 debent tempus et horam cum magna diligencia observare.

7–8 Matth. iii. 1–12; Marc. i. 4–6; Luc. iii. 3–10.

15–17 Matth. xxvi. 26–9; Marc. xiv. 22–4; Luc. xxii. 19–20; I Cor. xi. 23–5.

17–18 Fourth Lateran Council, can. 21, Omnis utriusque sexus, *Conciliorum Oecumenicorum Decreta*, 1962, p. 221.

22–3 ut ligarent . . . solverent: Matth. xviii. 18.

69. Duodecimus articulus est extrema unctio, qua infirmus ungitur in mortis articulo vel periculo, ad allevacionem corporis et anime.

## De quatuor virtutibus cardinalibus
### Capitulum 13

70. De quatuor virtutibus cardinalibus nunc est dicendum, per quas 5 vita humana gubernatur, que sunt iusticia, temperancia, fortitudo et prudencia. De quibus Spiritus sanctus in libro Sapiencie loquitur, dicens quibus nichil est utilius homini super terram. Cuius causa est hec: quicunque voluerit bene vivere, primum oportet ipsum bonum a malo discernere, et de duobus bonis, quod melius est eligere: hoc autem docet 10 prudencia. Hec cognicio necesse est declinare a malo et facere bonum, et maiori bono semper adherere: et hoc docet iusticia. Et quia duo sunt, ut prius dictum est, que bonum opus impediunt, scilicet seculi prosperitas, ut per falsas suavitates decipiens; et adversitas, per frequentes asperitates deiciens, ideo contra primum oportet habere temperanciam, 15 ne quis nimium extollatur in prosperis; et contra secundum animi fortitudinem, ne deiciatur in adversis.

## De sex operibus misericordie
### Capitulum 14

71. Deinde sciendum est que sunt sex opera misericordie. Primum 20 est saciare sive esurientes pascere, aut cibare famelicos; potare sicientes; vestire nudos; hospitare peregrinos; visitare incarceratos; confortare et consolari infirmos. Hec sunt opera misericordie, que ad corpus pertinent.

---

1 articulus: et septimum sacramentum *add.* B        2 articulo vel *om.* B; vel periculo *om.* C        3 De: Sequitur de A        9 ipsum: scire *add.* BC        18 sex: septem C

---

1–2 Cf. *De Sac.*, ii, 15, c. 2, *PL* 176, coll. 577–8.
8 quibus . . . terram: cf. Sap. viii. 7.
9–17 quicunque . . . adversis: cf. the similar, though lengthier, treatment in Petrus Cantor, *Verbum Abbreviatum*, cc. 115–19, *PL* 205, coll. 305–9; see also Dom O. Lottin, *Psychologie et morale*, III, i, 1949, pp. 155 sq. for some thirteenth-century scholastic texts on the subject.
9–10 bonum . . . discernere: cf. III Reg. iii. 9.
11 declinare . . . bonum: Ps. xxxvi. 27.
12–15 Et . . . deiciens: see above, c. 9. 40.
20–3 Matth. xxv. 35–6; see *De Sac.*, ii, 13, c. 2 for the same list of six works of mercy, without the seventh. The seventh is referred to in *Verbum Abbreviatum*, c. 132, *PL* 205, coll. 326–7.

69. Septimum sacramentum est extrema unctio, que alleviat infirmos in periculo mortis a pena corporali et spirituali. Et ideo postquam aliquis accepit sacram unctionem, magis debet esse assiduus in divina contemplacione.

### De quatuor virtutibus cardinalibus
### Capitulum 15

70. Postea debes scire que sunt quatuor virtutes cardinales, per quas tota humana vita est gubernata, et in isto mundo custodita. Et sunt iste: prudencia, iusticia, temperancia, et fortitudo. De istis quatuor dicit sanctus Spiritus in libro Sapiencie, quod nichil est istis utilius homini in isto mundo, et vide causam quare. Nam quicumque voluerit benefacere, primo oportet quod sciat eligere bonum a malo, et de duobus bonis melius; et hoc docet prudencia. Et quando elegisti bonum de malo, aut de duobus bonis melius, tunc debes relinquere malum et facere bonum; et dimittere minus bonum et facere maius bonum: et hoc est virtus que appellatur iusticia. Et quia duo disturbant et impediunt hominem bonum facere et malum evitare, videlicet prosperitas illius seculi, ut ipsum decipiat per falsas suavitates; et adversitas eiusdem, ut illum opprimat per crebras asperitates, ideo, contra prosperitatem debes habere mensuram et discrecionem, ne nimis sis elatus: et ista virtus vocatur temperancia; et contra adversitatem debes habere audaciam animi, ne sis deiectus: et ista virtus nuncupatur fortitudo.

### De septem operibus misericordie
### Capitulum 16

71. Consequenter debes scire que sunt septem opera misericordie. Primum est cibare esurientes; secundum est potare sicientes; tercium est vestire nudos, quartum hospitare peregrinos, quintum visitare incarceratos; sextum est confortare infirmos, septimum sepellire mortuos. Ista sunt septem opera misericordie que pertinent ad corpus.

---

2 spirituali: here S interpolates a long devotional passage, included also in the English translation printed by Wynkyn de Worde; see above, p. 14, n. 1.
23 septem *om.* M.
28 sepellire mortuos: Tob. i. 20.

72. Sed nunc dicit claustralis: 'Ego quidem non possum facere opera misericordie, quoniam hic sub aliena potestate me sponte supposui. Unde michi melius videtur vitam ducere secularem, in qua possunt talia exerceri.' Cui respondeo, melius est habere misericordiam et compassionem sub aliena miseria quam totum mundum posse pauperibus 5 erogare. Incomparabiliter enim melius est quod es quam quod habes. Unde si teipsum dederis plus quam totum mundum erogabis.

73. Sed e contra dicet hoc esse verum, verumptamen melius esset duo bona dare quam unum, meipsum, scilicet, et mea. Respondeo: sic videtur esse, sed non est sic. Melius est enim Deus appellari quam Dei 10 servus. Sed qui paupertatis paciuntur inedias, Dominus noster eos seipsum appellat, dicens: 'quod uni ex minimis meis fecistis, michi fecistis.' Item, nonne melius est iudicare quam iudicari? Sed pauperes divites iudicabunt. Dicit enim Dominus, 'Vos, qui reliquistis omnia et secuti estis me, sedebitis super sedes duodecim iudicantes', etc. Item, 15 nonne melius est habere celum in possessione quam in promissione? Dicit enim Dominus, 'Beati pauperes spiritu, quoniam ipsorum est regnum celorum'; non dicit 'habebunt regnum celorum', sed 'ipsorum est regnum celorum.' Hoc est, adeo securi possunt esse ac si possiderent. Unde Bernardus: 'Beati pauperes nichil habent in terris, et divites 20 nichil habent in celo; unde, divites si celum cupiunt, a pauperibus oportet quod emant.'

74. Hinc si scire desideras qui sunt veri pauperes, audi ergo. Quidam habent divicias et diligunt eas, ut avari et cupidi. Quidam non habent, sed habere desiderant, et diligunt et cupiunt, ut mendici miseri et falsi 25 religiosi. Tales autem non minus divites reprobi sunt quam priores, aut eciam habentibus diciores, et in hoc eciam deteriores. De talibus dicit

---

1 dicit: forte *add.* B　　2 hic: sum inclusus *add.* B, inclusus *add.* C　　sub . . . potestate: sub tutela aliena et potestate alterius B　　3 melius: esse *add.* C　　videtur: esset B　　3–4 talia exerceri: opera meritoria possem facere et libere exercere, quam in claustro manere *add.* B　　8 dicet: aliquis homo *add.* B　　11 paciuntur: pacienter sustinent B　　20 habent: habentes A　　26 aut *om.* A

12–13 Matth. xxv. 40.
14–15 Matth. xix. 28.
17–18 Matth. v. 3.
20–2 Beati . . . emant: quotation untraced.

72. Sed iam posses ita michi dicere: 'Ego, qui sum in religione, non habeo potestatem dandi cibum, necque potum, vestimentum, nec hospicium, quia non habeo ex quo possum illud facere; nec ego possum visitare incarceratos, nec confortare egrotos, necque sepellire mortuos, 5 quia sum in alterius voluntate constitutus. Et ideo multum michi prevaleret esse secularis, ut possem ista opera misericordie perficere.' Ne sis deceptus, frater! Nam plus prevalet habere pietatem et compassionem in corde tuo de aliquo misero inopiam paciente, quam si possideres totum istum mundum, ut illum dares pro caritate. Nam plus valet 10 absque comparacione illud quod es, quam illud quod habes. Da ergo teipsum, et plus das quam si dares totum mundum.

73. Sed iam posses dicere isto modo: 'Verum est quod melius est homini dare seipsum quam de suo; sed multum prevalet dare unum cum alio, quam unum per se. Nam plus valent duo bona quam unum illorum 15 per se.' Dico quod non est ita. Utrum enim prevalet vocari Deus quam eius servus? Tu scis bene quod prevalet vocari Deus. Sed illos qui paciuntur famem, sitim, frigus, defectus et alias miserias, propter Deum, vocat Dominus noster Iesus Christus seipsum. Nam ita dicit ipsemet in evangelio, 'quicquid feceritis uni de hiis minimis in nomine meo, michi 20 fecistis.' Ex altera parte, utrum prevalet iudicare vel iudicari? Scis bene quod prevalet iudicare. Et hoc faciunt pauperes: nam ipsi iudicabunt divites, sicut dicit Christus in evangelio, 'Vos qui reliquistis omnia et secuti estis me, cum sederit Filius hominis in sede magestatis sue, sedebitis et vos super duodecim thronos, iudicantes duodecim tribus 25 Israel.' Ex alia parte, utrum est melius habere gaudium celi in possessione, aut in promissione? Certum est quod in possessione, et sic habent pauperes. Ita enim dicit ipsemet Iesus in evangelio, 'Beati pauperes spiritu quoniam ipsorum est regnum celorum', ubi non dicit, 'illorum erit' etc., sed 'illorum est regnum celorum.' Hoc est ita securi possunt 30 pauperes esse de gaudio celi, sicut sunt de una re quam tenent in manibus. Ideo dicit sanctus Bernardus isto modo: 'pauperes nichil habent in terra, nec divites aliquid habent in celo; igitur, si divites ibi volunt aliquid habere, oportet illos hic a pauperibus mercari.'

74. Modo bene scio quod multum desideras cognoscere qui est vere 35 pauper, et qui non; et qui est vere dives, et qui non. Audias ergo tu cum devocione. Aliqui sunt qui habent divicias et illas amant; cuiusmodi sunt avari et cupidi istius mundi. Alii sunt qui divicias non habent, illas tamen amant, atque libenter vellent habere; cuiusmodi sunt miseri mendici illius mundi, et mali religiosi. Et isti sunt ita divites

23 sederit L, venerit *ceteri codd.*

Dominus in evangelio: 'Facilius est camelo per foramen acus transire, quam divitem intrare in regnum celorum.' Quidam habent eas sed non diligunt eas; tamen possidere volunt, et non ab eis possideri, ut proprium, sed ad bonum usum et utilitatem proximorum, ut boni seculares bene sua dispensantes. Sed pauci sunt tales. Quidam autem sunt tales qui 5 nec habent, nec habere cupiunt, nec eas diligunt, nec omnino possidere volunt, ut sunt sancti viri vere religiosi. Hii sunt vere pauperes quorum est regnum celorum.

75. Hec ergo est pauperum benedictio, cui contraria est divitum maledictio. Si ergo beati pauperes, quoniam ipsorum est regnum 10 celorum, possum e contra dicere: maledicti divites, quoniam ipsorum sunt tormenta tartarorum. Divites ergo vere sunt tam habentes et diligentes divicias quam non habentes sed habere cupientes. Pauperes eciam vere sunt qui paupertatem habent, et eam habere gaudent, et eam diligunt; similiter, qui divicias habent, magis tamen diligunt pauper- 15 tatem.

## De septem peticionibus in oracione dominica contentis
### Capitulum 15

76. Post hec autem sciendum est quod septem sunt peticiones que cuncta mala auferunt, et bona cuncta conferunt, que continentur in 20 oracione quam salvator noster suos docuit discipulos, docens qualiter Deum Patrem orare deberent, dicens hoc modo: 'Cum orare volueritis, sic dicetis, Pater noster,' etc.

77. Hec oracio cunctas alias excellit oraciones, tam dignitate quam auctoritate. Dignitate quidem precellit alias oraciones et utilitate racione 25

---

3 ut: vel ut B, nonque usum C        17 contentis *om.* BC        25 auctoritate:
utilitate BC, et eciam auctoritate *add.* B        et utilitate: sive auctoritate C

---

1–2 Matth. xix. 24.

5–7 Quidam . . . volunt: cf. Petrus Cantor, *Verbum Abbreviatum*, c. 16, where he quotes Hieronymus, *Ep. 120 ad Hebidiam*, 'tutius esse divitias nec habere nec amare, quia vix haberi possunt, et non amari.' *PL* 205, col. 66A.

22–3 Matth. vi. 6, 9–13.

24–p. 74, l. 1 Hec . . . Christus: cf. Ricardus de S. Victore, *Lib. Exceptionum*, ii, xi. 13, ed. J. Châtillon, p. 455, *PL* 175, col. 773.

sicut alii, vel magis; et huiusmodi sunt illi de quibus loquitur Christus in evangelio: 'Facilius est camelum per foramen acus transire, quam divitem intrare in regnum celorum.' Sed quidam sunt qui habent divicias, illas tamen non diligunt, attamen ipsi volunt illas bene possidere. 5 Isti sunt probi homines illius mundi, qui bene expendunt omnia que possident, et de illis modicum sibi retinent. Alii vero sunt qui non habent aliquas divicias, nec illas amant, nec habere desiderant. Isti sunt sancti homines religiosi, et isti sunt vere pauperes, et illorum est regnum celorum. Ita enim dicit Christus in evangelio: 'Beati pauperes 10 spiritu, quoniam ipsorum est regnum celorum.' Hec est benedictio pauperum.

75. Oportet ergo quod divites habeant contrarium huius benedictionis. Et ideo si beati sint pauperes spiritu, quoniam ipsorum est gloria celi, tunc possum dicere isto modo de divitibus: maledicti 15 divites spiritu, quoniam ipsorum est pena inferni. Divites sunt qui divicias habent et amant; aut qui divicias non habent sed illas amant, et habere cupide desiderant. Pauperes sunt qui habent paupertatem et illam diligunt; aut qui possident divicias et diligunt paupertatem, et divicias contempnunt.

20 *De septem peticionibus oracionis dominice*
*Capitulum 17*

76. Posterius debes cognoscere que sunt septem peticiones oracionis dominice, que auferunt omnia mala et procurant omnia bona. Iste septem peticiones vel preces continentur in ista dulcissima oracione, 25 *Pater noster*, quam Dominus noster Iesus Christus discipulos suos docuit, ut scirent quomodo deberent Deum Patrem deprecari. Et dixit illis isto modo: 'Quando vos oratis, dicite sic: Pater noster, qui es in celis, sanctificetur nomen tuum. Adveniat regnum tuum. Fiat voluntas tua, sicut in celo et in terra. Panem nostrum cottidianum da nobis hodie. 30 Et dimitte nobis debita nostra, sicut et nos dimittimus debitoribus nostris. Et ne nos inducas in temptacionem; sed libera nos a malo. Amen', id est, ita fiat.

77. Ista oracio superat et excellit omnem aliam oracionem in dignitate et utilitate. In dignitate, quia ipsemet Deus illam fecit; et ideo facit

3 celorum: here M2 inserts a footnote from M1: 'Augustinus. Sicut in mari non proiciuntur merces nisi quando timetur submersio, sic a mundialibus temporalia non relinquuntur nisi in mortis periculo.'
19 M1 and M2 add a sentence attributed to Bede to the end of this chapter: '. . . habere et amare divicias periculosum est; non habere et amare miserrimum est; habere et non amare difficilimum est; nec habere nec amare tutissimum est.'
26–32 Luc. xi. 2–4; Matth. vi. 9–13.

auctoris qui eam instituit, et ipsam dicendum docuit, Iesus Christus. Ideoque tali magistro magnum dedecus et irreverenciam ingerit, qui mentem ponit in verbis rithmicis aut curioso dictamine compositis, contempta verborum serie postposita vel mutata, quam posuit ipse Deus et docuit, qui totam Patris novit voluntatem totamque nostram necessi- 5 tatem, et pretactam oracionem pre ceteris magis acceptat, quam nobis miseris plus expedit frequentare. Unde multi decipiuntur propter oracionum multiplicacionem, qui quando putant puram habere devocionem, frequenter impuram et carnalem habent affectionem. Omnis enim carnalis animus in carnali lingua magis delectatur. Et ideo te scire 10 volo quod quedam sordida luxuria est in carminibus theatralibus delectari. Verumptamen, Gregorius et beatus Augustinus et alii sancti secundum suas affectiones composuerunt oraciones, quas reprobare non presumo. Sed eos arguo qui pretermissa oracione, quam Dominus fecit et docuit, ad oracionem alicuius alterius se convertunt, tamquam illa 15 utiliorem. Dicit autem Dominus in evangelio, 'Cum oratis, nolite multis sermonibus orare; sic autem orabitis: Pater noster,' etc.

78. Hec oracio precellit omnes alias oraciones ex sua sufficiencia, nam in ista continentur quecumque sunt necessaria, tam presenti vite quam future. In illa enim oramus Deum Patrem ut nos liberet a malis omnibus, 20 et nobis conferat omnia bona, quod patebit hoc modo. Mala vero que patimur, seu quibus gravari possumus, aut sunt preterita, pro quibus oramus dicentes, 'et dimitte nobis' etc.; aut sunt presencia, pro quibus oramus dicentes, 'sed libera nos' etc.; aut sunt futura, pro quibus dicimus 'et ne nos' etc. Item, omne bonum aut est temporale, aut spirituale, aut 25 eternum. Pro temporali subsidio dicimus 'panem nostrum' etc; pro spirituali vero dicimus 'fiat voluntas tua' etc.; pro eterno bono dicimus 'adveniat regnum tuum.' Confirmacionem omnium oramus cum dicimus 'sanctificetur nomen tuum.' Iste sunt septem peticiones evangelice, quas Dominus suos docuit discipulos.                                                           30

---

3 ridimicis *codd.*    curioso dictamine: curiosis tantum B      12 delectari: multum immorari B    Augustinus: et Bernardus *add.* B        24 dicimus: oramus dicentes B, oramus cum dicimus C

---

7–9 Unde . . . affectionem: cf. *Lib. Exceptionum*, II, xi, 13: 'Sunt quidam qui, sicut ethnici, gloriantur se multa verba fundere, . . . prolixas orationes continuare. Et cum ore Domino loquantur, corde nonnunquam in finibus terre vagantur.'
16–17 Matth. vi. 7, 9.
18–20 For the same idea see the anonymous twelfth-century *Expositio in orationem dominicam, PL* 184, col. 813A.
21–4 Mala . . . futura: cf. the prayer after the pater noster in the mass of the Roman rite, 'Libera nos quaesumus Domine, ab omnibus malis, praeteritis, praesentibus, et futuris.'

ille magnum dedecus et magnam irreverenciam Iesu Dei Filio, qui sibi
accipit verba ritmica et curiosa, dimittitque et relinquit oracionem quam
ipsemet composuit, qui scit totam voluntatem Dei Patris, et que oracio
maxime sibi placet, et pro quibus nos miseri maxime indigemus de-
5 precari. Nam sicut prius dixi, ille solus scit totam Dei Patris voluntatem, et totam nostram necessitatem. Igitur centum milia hominum
decipiuntur per multiplicacionem oracionum. Cum enim putant se
habere devocionem, habent unam vilem carnalem affeccionem, quia
omnis carnalis animus naturaliter delectatur in tali loquela curiosa.
10 Ideo sis providus et discretus, nam certissime tibi dico quod est una
turpis luxuria ita delectari in tali modo guliardie. Ex alia parte, sanctus
Augustinus et sanctus Gregorius et alii sancti orabant secundum suam
affeccionem. Non culpo illorum oraciones, sed illos vitupero qui relin-
quunt et dimittunt oracionem quam ipsemet Deus fecit, et accipiunt
15 oracionem alicuius simplicis sancti, vel quam reperiunt scriptam. Ideoque dicit Dominus noster in evangelio, 'Quando vultis orare, nolite
orare per plura verba, sed orabitis isto modo, dicentes: Pater noster,
qui es in celis', etc.

78. Ex alia parte, illa oracio excellit omnem aliam oracionem in
20 sufficiencia. Nam in illa continentur omnia quibus indigemus in ista
vita et alia; quia oramus in ea Deum Patrem ut nos liberet ab omnibus
malis, et ut nobis donet omnia bona, et ut nos tales faciat quod nunquam
faciamus malum, nec deficiamus a bono. Et considera qualiter omne
malum quod nos aggravat aut est malum preteritum, aut malum futurum,
25 aut malum quod iam patimur. De malo preterito oramus Dominum
nostrum dulcissimum quando dicimus, 'et dimitte nobis debita nostra,
sicut et nos dimittimus debitoribus nostris'; de malo futuro quando
dicimus, 'et ne nos inducas in temptacionem'; de malo presenti quando
dicimus, 'sed libera nos a malo.' Preterea omne bonum quod est, aut
30 est bonum temporale, bonum spirituale, vel bonum eternum. Bonum
temporale petimus cum dicimus, 'panem nostrum cottidianum da
nobis hodie'; bonum spirituale cum dicimus, 'fiat voluntas tua, sicut in
celo et in terra'; bonum eternum cum dicimus, 'adveniat regnum tuum.'
Confirmacionem quoque omnium istorum petimus cum dicimus,
35 'sanctificetur nomen tuum.' Iste sunt septem peticiones evangelii, quas
Dominus noster Iesus Christus docuit suos discipulos et amicos.

79. Sciendum est autem quod prima quatuor verba, scilicet 'Pater noster qui es in celis', docent nos qualiter orare et quales debemus esse in oracione. Quatuor autem nobis necessaria sunt in oracione nostra, scilicet amor perfectus ad eum quem rogamus; certa spes impetrandi quod petimus; fides firma in quem credimus; vera humilitas ex eo quod 5 nichil boni a nobis habemus. Primum enim innuit ut in hoc quod dicitur 'Pater'; patrem namque diligit filius, et a patre diligitur filius. Certa spes ingeritur in eo quod dicitur 'noster'; in eo namque quod noster est pater, indubitanter sperare possumus quod nobis suis filiis tenetur succurrere. Firma fides includitur in hoc quod dicitur 'qui es'; ex hoc enim credimus 10 et confitemur quod Deus est Pater noster, quem nondum videmus, nec hic videre possumus. Hec est vero recta fides, credere quod hic videri non potest. Vera humilitas nobis intulitur cum dicitur 'in celis'; quia cum cogitamus quam sublimis est Deus, magnus et excelsus, et in quam profundo sumus positi inanes et miseri, nimirum humiliamur, maxime 15 cum ipse maiestatem suam ad nos dignatus est declinare.

80. Quando ergo predicta quatuor in cordibus nostris signata fuerint et firmata, tunc fiducialiter orare possumus, ex pura mentis affectione, 'sanctificetur nomen tuum.' Hoc est, confirma in nobis nomen tuum quod est pater, qui es Pater noster, ita ut simus filii tui et tibi fideles, ut 20 nichil faciamus tue contrarium voluntati, sed que tibi placita fuerint et accepta.

81. Et quia hoc perfecte facere non possumus quamdiu peregrini sumus, et peregrinamur a Domino degentes in hoc mundo, ideo petimus dicentes, 'adveniat regnum tuum.' Hoc est ad nos veniat, et ut hic in 25 nobis regnes per graciam, et ut nos regnemus tecum per gloriam in futura vita. Hoc ideo petimus pro eis qui sunt in purgatorio.

82. Et quia celi gaudia non habebimus nisi hic suam faciamus voluntatem, ideo dicimus, 'fiat voluntas tua.' Hoc est da nobis graciam faciendi que iubes, et fugiendi seu cavendi que prohibes; et hoc 'sicut 30 in celo et in terra.' Hoc est sicut Michael et omnes angeli, prophete,

---

7 diligit filius: ex natura *add.* C de eo quod C    credere: id *add.* B amur, maxime: maxime humiliamur A

12 fides . . . quod: fides que non est nisi 13 intulitur: intimatur B        15 humili- 31 prophete: patriarche *add.* B

---

1–16 This is the *captatio benevolentiae*, an integral part of the medieval exposition of the pater noster; see *Alleg. in N.T.*, ii, c. 7, *PL* 175, coll. 777–8; and *Expositio in or. dom.*, loc. cit., col. 813.

12–13 Hec . . . potest: cf. Heb. xi. 1.

31–p. 78, l. 7 Hoc . . . etate: cf. *Lib. Except.* ii, xi, 8: 'ut sicut in celo faciunt voluntatem tuam Cherubin . . . Angeli, Archangeli, patriarche quoque, prophete, apostoli, martires, confessores, virgines et omnes electorum anime . . . , coram te glorificate, sic secundum gratiam a te sibi concessam et secundum possibilitatem suam faciant

79. Scire eciam debes quod ista quatuor verba precedencia, scilicet
'Pater noster, qui es in celis', nos informant quomodo debemus orare,
et quales essemus in oracionibus. Quatuor enim debemus habere in
omni oracione, scilicet perfectum amorem erga illum quem oramus; et
5 certam spem habendi omnia que petimus; et firmam credulitatem in
illum in quem credimus; et veram humilitatem, quia de nobismetipsis
nullum bonum habemus. Perfectus amor continetur in hoc verbo
'Pater'; nam quelibet creatura naturaliter diligit suum patrem. Certa
spes continetur in hoc verbo 'noster'. Si enim sit noster, tunc possumus
10 audacter in illum sperare, et dicere quod nobis tenetur. Firma fides
notatur in hoc verbo, 'qui es'; cum enim dicimus 'qui es' tunc credimus
et confitemur quod Deus est, quem nunquam vidimus, et hec est recta
fides. Fides enim nichil aliud est nisi credulitas rei que non potest
videri. Vera humilitas notatur in hoc verbo, 'in celis.' Nam quando
15 cogitamus quod ipse est in summo, et nos in ymo, tunc humiliamur.

80. Quando tunc habemus ista quatuor in cordibus nostris firmiter
radicata, tunc possumus audacter orare et dicere, cum tota nostra
affectione, 'sanctificetur nomen tuum.' Hoc est dictu, confirma nomen
tuum, tu qui es pater noster, in nobis, ut taliter simus filii tui et filie,
20 quod nichil faciamus contra beneplacitum tuum, et ut semper agamus
omne quod tibi sit acceptum, et quod ad laudem tuam pertinet.

81. Et quia nunquam possumus illud perfecte facere dummodo
sumus in hoc captivo mundo, ideo petimus, 'adveniat regnum tuum.'
Id est regnum tuum nobis adveniat ut tu regnes in nobis in hac vita per
25 graciam, et nos in te, in alia, per gloriam. Et in ista eadem peticione
oramus pro illis qui sunt in purgatorio.

82. Et quia nunquam possumus tecum habere gaudium in celo, nisi
fecerimus tuam voluntatem in terra, ideo nos petimus 'fiat voluntas
tua sicut in celo et in terra.' Hoc est dona nobis graciam faciendi quic-
30 quid preceperis, et relinquendi quicquid prohibueris, et hoc tam in
terra quam in celo. Id est quemadmodum Michael, Gabriel, Raphael,

---

26 purgatorio: *in rasura* L

---

[*cont. from p. 76*]
eam in terra omnes episcopi, presbiteri et universus clerus, omnes reges, principes et
universus populus, masculi, femine, magni, pusilli, boni, et mali quoque de malo ad
bonum conversi', Châtillon, pp. 450–51.

apostoli, martires, confessores et virgines, et omnes sancti in celo tuam
faciunt voluntatem, ita faciant omnes sanctorum ordines in terra, scilicet
Dominus Papa, cardinales, archiepiscopi, episcopi, abbates, priores, et
omnes eorum subditi; scilicet, archidiaconi, decani, presbiteri et omnes
ordines sacri; reges, principes, comites, barones, divites, pauperes,  5
clerici, laici, et omnes qui predestinati sunt ad vitam eternam, in omni
tribu, nacione, ordine, sexu et etate.

83. Et quia voluntatem eius in hac mortali vita facere non possumus
nisi nos pascat, et in necessariis vite sustineat, dicimus ei, 'panem
nostrum cottidianum da nobis hodie.' Hoc est da nobis corporis et 10
anime fortitudinem et utriusque salutem. Panis autem triplex est:
corporalis, scilicet, in quo continetur victus et vestitus; spiritualis, qui
duplex est, scilicet sancta scriptura et eucaristia, ad confortandum
utramque naturam.

84. Sed quia nullo bono digni sumus dum in peccato vivimus, ideo 15
dicimus, 'et dimitte nobis', etc. Hoc est da nobis veniam de peccatis
cogitacionis, operis et omissionis; et hoc sicut eis dimittimus qui contra
nos vel in nobis peccaverunt.

85. Et quia parum nobis proderit veniam consequi de preteritis nisi
possimus in posterum a peccatis abstinere, ideo dicimus 'et ne nos 20
inducas in temptacionem.' Hoc est ne nos permittas induci in temptacionem diaboli, nec carnis, neque mundi. Et hoc non solum facias in
temptacione, 'sed libera nos a malo'; hoc est a peccato et a pena, tam
presenti quam future; 'Amen', id est ita fiat. Et quia Dominus dicit in
evangelio, 'Quodcumque pecieritis Patrem in nomine meo, dabit vobis', 25
ideo dicimus in fine, 'per Dominum nostrum Iesum Christum,' etc.

86. Cuncta que prescripta sunt ne putes esse dicenda de hiis septem
peticionibus, sed tantum nudam dic ex corde litteram, et in animo
cogita que dicta sit per singula verba. Neque vim feceris de repeticione
eiusdem oracionis. Melius est enim eam semel dicere cum intenta 30
devocione, quam millesies litteram iteratam sine cordis affectione. Dicit
enim apostolus, melius est quinque verba cum corde et intellectu dicere
quam quinque millia verborum ore proferre sine devota cordis intencione. Eodem modo de servicio divino intellige. Dicit enim propheta,

1 sancti: et sancte *add.* C      4 decani: diaconi C      5 principes: duces *add.*
B; barones: milites armigeri *add.* B      6 omnes: communes et *add.* B      19 proderit *om.* A      29 de: frequenti *add.* BC      30 intenta: intima B      34 de:
officio sive (seu C) *add.* BC      34–p. 80, l. 1 Dicit . . . versetur: Dicitur enim per
quemdam sanctum idem versetur B

25–6 Ioan. xiv. 13.
31–4 Cf. I Cor. xiv. 13.
34–p. 80, l. 1 Ps. xlvi. 8.

omnes sancti angeli et archangeli, patriarche, prophete, apostoli,
evangeliste, discipuli, martires, confessores, virgines et omnes electi
tui faciunt voluntatem tuam in celo, ita valeant ordines qui sunt in
terra; videlicet Dominus noster Papa, cardinales, archiepiscopi, epi-
5 scopi, abbates et abbatisse, priores et priorisse, et omnes sui subditi;
archidiaconi, decani, rectores, sacerdotes, et omnes sancti ordines;
reges, principes, comites, barones, pauperes et divites, clerici et layci,
et omnes qui sunt predestinati ad vitam eternam, in quolibet regno, in
qualibet progenie, in quolibet ordine, et in qualibet etate.

10 83. Et quia non possumus facere tuam voluntatem dummodo vivimus
in corpore, nisi nos sustentes, ideo dicimus, 'panem nostrum cottidianum da nobis hodie.' Hoc est da nobis hodie fortitudinem corporis
et anime, et salutem utriusque. Sciendum est quod triplex est panis, scilicet panis corporalis, ut victus et vestitus; panis spiritualis, ut doctrina
15 sacre scripture; et panis eucaristie, ad confortandum utramque naturam, scilicet corporis et anime.

84. Sed quia non sumus digni habere aliquod bonum dummodo
manemus in peccatis, ideo petimus, 'dimitte nobis debita nostra, sicut
et nos dimittimus debitoribus nostris.' Hoc est dimitte nobis quidquid
20 peccavimus contra te in cogitacione, locucione et opere, et hoc sicut et
nos dimittimus illis qui malefaciunt nobis.

85. Et quia modicum valet nobis habere veniam nisi de cetero nos a
peccatis servemus, ideo sic orare debemus, 'et ne nos inducas in temptacionem.' Hoc est ne paciaris nos vinci in temptacione diaboli, carnis
25 vel mundi. Et non solum de temptacione, 'sed libera nos a malo.' Hoc
est de malo corporis et anime, de malo pene et culpe, presenti vel
futuro; 'Amen.' Et quia Dominus noster Iesus Christus dicit in evangelio, 'Quidquid pecieritis Patrem in nomine meo, dabit vobis', ideo
dicas in fine, 'per Dominum nostrum Iesum Christum, Filium tuum.'

30 86. Hec est oracio quam Dominus noster Iesus Christus nos docuit
in evangelio. Nec intelligas quod debeas totum illud dicere verbotenus
quod hic scripsi, sed solummodo dicas nudam litteram ore, et cogita in
tuo corde super illo quod exposui de quolibet verbo per se. Nec cures
multiplicare sepius *pater noster*, vel multa *pater noster*. Nam melius est
35 dicere semel *pater noster* cum intellectu et bona intencione quam millesies sine intellectu et devocione. Nam ita dicit sanctus Paulus, potius
vellem dicere quinque verba in corde meo devote, quam quinque millia
ore proferre, et non intelligere. Eodem modo debes facere officium

---

4 noster Papa: *in rasura* L    cardinales: patriarchae *add.* Bi    6 decani: diaconi HMBi    rectores: vicarii *add.* NS    7 principes: duces *add.* Bi
27 Amen: id est ita fiat *add.* L

'Psallite sapienter'; hoc est, hoc versetur in corde quod profertur in ore. Nam si corpus tuum sit in choro, et labia tua in psalterio, et cor tuum versetur in foro, miserabiliter distractus es et divisus. Et quoniam Dominus dicit in evangelio, 'Primum querite regnum Dei et hec omnia adicientur vobis', scilicet vite necessaria, ideo scire desideras que et 5 qualia tibi futura sunt, cum fueris glorificatus.

### De septem dotibus corporis et septem anime, et de septem penis inferni in corpore et septem in anima
### Capitulum 16

87. Dotes corporis glorificati sunt hec: videlicet, pulcritudo sine 10 macula et turpitudine; agilitas sine lassitudine; fortitudo sine debilitate; libertas sine servitute; dilect⟨at⟩io sine anxietate; sanitas sine egritudine; longevitas sine fine.

88. Dotes autem anime sunt hec: sapiencia sine ignorancia; amicicia sine inimicicia; securitas sine pavore; gaudium sine merore; concordia 15 sine discordia; potencia sine impotencia; honor sine dedecore.

89. In inferno vero dampnati miseri omnino supradictis carebunt, tam in corpore quam in anima. Habebunt enim in corpore turpitudinem sine pulcritudine; debilitatem sine fortitudine; et sic de reliquis. Adhibere te ergo oportet totam diligenciam ut celorum gaudia possis adipisci. 20 Tantum est in celo gaudium, tantaque dulcedo et tanta iocunditas, quod si vivere posses a mundi principio usque in finem, et haberes quicquid desiderares, omnia mundana desereres ut quod unum diem in celo permaneres.

90. Explicit secundum genus contemplacionis que est in scripturis. 25 Predicta si bene prospicias, non erit tibi difficile quemlibet sermonem in animo retinere. Si habeas enim prescripta, cum theologicis, quantecumque sciencie fuerint, loquendi habes materiam; et cum laicis,

---

6 qualia: premia *add.* B      glorificatus: nunc de 7 dotibus corporis et 7 anime et de 7 penis inferni in corpore et 7 in anima dicimus *add.* B      8 inferni *om.* A
11 agilitas sine ponderositate *in marg.* B      12 dilectio *codd.*      17 carebunt: opposita habebunt BC      23 omnia . . . ut: non tibi tantum placeret sicut si B 25 que . . . scripturis *om.* A

---

2–3 Nam . . . divisus: cf. *Lib. Except.* II, xi. 13, Châtillon, p. 455, *PL* 175, coll. 773–4.
4–5 Matth. vi. 33.
10 There are echoes in this chapter of the more elaborate treatment of the theme in Honorius Augustodunensis, *Elucidarium*, III, *PL* 172, coll. 1159–76.

tuum in ecclesia. Sic enim dicit propheta, 'Psallite', inquit, 'sapienter';
hoc est canta et versicula sapienter. Sapienter cantare est hoc, quod
homo dicit ore, corde prudenter cogitare. Nam si tuum corpus sit in
choro, labia tua in psalterio, et cor tuum in foro, miserrime es divisus in
5 teipso, nec exaudiris a Deo. Et quia Dominus noster dicit in evangelio,
'Primum querite regnum Dei, et hec omnia adicientur vobis', id est
quotquot indigetis de temporalibus bonis, dabitur vobis sine interroga-
cione, ideo debes scire quid habebis in gaudio celesti.

## *De dotibus corporis et anime et de penis inferni*
10 *Capitulum 18*

87. In celo habebis septem dotes in corpore et septem in anima. In
corpore habebis pulcritudinem sine turpitudine vel deformitate;
agilitatem absque gravedine vel ponderositate; fortitudinem sine debilitate; libertatem sine servitute; delectacionem absque angustia; sani-
15 tatem absque infirmitate; longam vitam sine fine.

88. In anima vero habebis sapienciam sine insipiencia; amiciciam
sine inimicicia; concordiam sine discordia; potenciam sine impotencia;
decus absque dedecore; securitatem absque timore; gaudium sine
dolore.

20 89. Captivi utique et miseri in inferno positi habebunt omnia istis
contraria in corpore et anima. Hoc est deformitatem vel turpitudinem
sine pulcritudine; debilitatem sine fortitudine; et ita de omnibus aliis
predictis. Idcirco apponeres totam tuam potenciam et diligenciam ut
illud gaudium posses optinere. Ibi enim est tantum gaudium et tanta
25 dulcedo, quod si potuisses vixisse a principio mundi usque in finem, et
habere omnes delicias ad tuam voluntatem, adhuc de iure omnes illas
dimitteres et relinqueres ad essendum uno solo die in gaudio celesti.

90. Hic finitur secundus gradus contemplacionis, scilicet contemplacio in scripturis, de qua, si bene attendas et indulgeas in tuo corde,
30 facile erit tibi quemlibet sermonem retinere. Ex alia parte, hic habes
materiam loquendi clericis, quamquam sapientissimi sint, et laycis

---

9 De septem dotibus in corpore et (septem in K) anima HKM, et de penis infernalibus *add.* KM2, in corpore et anima *add.* M2

---

3-5 A footnote in H emphasizes this point in a set of verses: Dum cor non orat
in vanum lingua laborat. Non vox set votum, non musica cordula set cor, Nec clamor
set amor clamat in aure Dei. For the first see Walther, *Carmina*, ii, 1, n. 6476; for the
second, ibid. ii, 3, n. 18723.
27 celesti: M2 here adds the words, written in the margin in M1, 'Quia melior est
dies una in atriis tuis super milia.' Ps. lxxxiii. 11.

quantecumque fuerint ruditatis, colloquendi habes ⟨et⟩ docendi faculta-
tem. Nam cum sapientibus colloquendo proponere poteris aliquam
materiam prelibatam; quando vero cum ignorantibus habueris collo-
quium, libenter et benigne doctrine dulce poculum teneris propinare.
Sufficientem enim habes colloquendi materiam, vitam dirigendi pro- 5
priam, et aliorum mores in melius corrigendi.

### De contemplacione Dei et primo in sua humanitate
### Capitulum 17

91. Post hec autem de tercio genere contemplacionis modo breviter
est dicendum. Hoc est de ipso Deo, et hoc duobus modis, videlicet 10
exterius quoad humanitatem, et interius quoad ipsam deitatem. Dicit
enim beatus Augustinus: 'Ideo Deus factus est Homo, ut totum
hominem faceret ad suam naturam', ut sive ingrederetur, sive egredere-
tur, pascua inveniret. Ingrediens per contemplacionem deitatis, egrediens
per contemplacionem humanitatis, vel per contuicionem, scilicet in ipso 15
Deo.

92. De cuius humanitate tria debes precipue contemplari, videlicet
humilitatem in eius incarnacione, dulcedinem in eius dulci conversacionem, caritatem in sua glorifica passione. Hec autem omnia simul non
poteris cogitando percurrere, ideo per septem horas diei et noctis 20
distinxi, in quibus solent laudes Deo in ecclesia decantari, ut nulla hora
te pretereat quin valeas in Deo dulciter occupari. Unde sciendum est
quod quelibet hora duplicem continet de Deo meditacionem vel de
Christo meditacionem; unam videlicet de Christi passione, et aliam de
altera ipsius constitucione.                             25

### De nativitate Christi et eius capcione in media nocte
### Capitulum 18

93. Ante matutinas sive nocte media cogitare debes de tempore, loco
et hora in quibus Christus natus est. Tempus erat hiemale, quando

---

1 et: *supplevi*     20 per *om.* A     21 in ecclesia *om.* A     23 Deo . . . vel de
*om.* C     23–4 vel de Christo *om.* B

---

11–13 The doctrine of deification recurs often in Augustine's writings, though this
precise formulation has not been located; see for example *Sermo 192* (i), *PL* 38, col.
1012: 'Deos facturus qui homines erant, homo factus est qui Deus erat.'
   13–14 ut . . . inveniret: cf. Ioan. x. 9; and see *In Ezech.*, II, 1 (16), *PL* 76, col. 946,
for the use of this text in a similar context.
   14–16 Cf. the complex passage in *De Sac.*, 1, 6, c. 5, *PL* 176, coll. 266–7 on the

similiter, quamvis sint rudissimi. Quando loqueris sapiencioribus te, move aliquam istarum materiarum, et quere eum humiliter. Similiter, quando loqueris simplicioribus te, informa eos libenter et dulciter. Nam hic sufficienter habes unde cogitare posses et loqui, et qualiter debes
5 vitam tuam gubernare, et alienam vitam emendare.

### De contemplacione Dei in sua humanitate
### Capitulum 19

91. Tercius gradus contemplacionis est in ipso Deo, et hoc potest esse duobus modis: extrinsecus in sua humanitate, et intrinsecus in sua
10 benedicta deitate. Ita namque dicit sanctus Augustinus: 'Ideo devenit Deus Homo, ut totum hominem beatificaret in seipso.' Ita quod tam pro exteriori quam interiori homine, semper pascua inveniret in suo creatore: intra per contemplacionem sue deitatis, extra per consideracionem sue humanitatis.

15 92. De sua humanitate tria debes cogitare, scilicet humilitatem sue incarnacionis, dulcedinem sue conversacionis, et caritatem sue passionis. Sed quia hoc non potes facere una vice plenarie, ideo illud tibi distinxi per illas septem horas diei, quas cantas in monasterio vel ecclesia, ut nulla hora poterit te evadere, quin valeas in ea cor tuum dulciter occu-
20 pare. Ad hoc faciendum debes scire quod quelibet hora diei habet duplicem meditacionem, unam de passione, alteram de alia racione.

### De nativitate Domini et eius capcione ad matutinas
### Capitulum 20

93. Ante matutinas de nativitate Domini primo debes cogitare, et
25 postea de eius passione. De nativitate debes cogitare diligenter tempus,

22 Domini: nostri *add.* MNS, Iesu Christi *add.* MN; et: de *add.* LMP; ad matutinas *om.* M; De nativitate et de passione H

[*cont. from p. 82*]
inward and outward senses of man, which are directed to the contemplation of the divinity and humanity of Christ.
19 caritatem . . . passione: this is reminiscent of certain twelfth-century doctrines of the atonement, associated with Abelard and the early Victorines, see D. E. Luscombe, *The School of Peter Abelard*, 1969, pp. 137–9.
29–p. 84, l. 8 Cf. Luc. ii. 1–20.

maxima frigiditas solet dominari; hora noctis media, periculosior, durior seu gravior aliis horis, ideo dicitur intempestatum; locus erat in via, in casa sine pariete. Pannis involutus, instita ligatus, in presepe positus ante bovem et asinum erat Iesus, quia non erat ei locus in diversorio. Ibi cogita de matris sollicitudine circa filium; de coniuge Ioseph; 5 quantum erat eis gaudium; de devocione et devota relacione pastorum; de dulci cantico angelorum; et attolle cor tuum ad laudes eorum, et cum illis cantica, 'Gloria in excelsis Deo!'

94. De passione vero Christi meditare qualiter in illa hora tradebatur a discipulo suo; a Iudeis captus tamquam traditor, ligatus tamquam 10 latro, detentus quasi scelerosus. Cogita eciam qualiter querentibus non invite, sed spontanee, seipsum obtulit, osculum traditori prebuit; et amicum appellavit, et eum vocans ex nomine tradicionis arguit; qualiter discipulis inhibuit ne quis eorum gladium educeret; qualiter aurem amputatam sanavit; qualiter discipuli fugierunt et Iudei Christum 15 tenuerunt; ligatum primo duxerunt ad Annam, ubi examinabatur; alapis in facie cedebatur quia contra voluntatem eorum respondebat, et postea ductus est ad Caipham, ubi eum Petrus ter negavit.

### De Christi resurrectione et illusione hora prima
### Capitulum 19                                                          20

95. Ante primam cogita de Christi passione et eius resurrectione. De passione, qualiter Iudei duxerunt eum in concilium et falsum testimonium dixerunt contra eum, et imposuerunt ei blasphemiam, et quod gentem perverterat a Galilea usque Ierusalem; et illuserunt ei multis modis, et in faciem conspuerunt, et velatis oculis colaphizaverunt; 25 et quesierunt ab eo quis eum percusserat. Et in hiis omnibus obmutuit,

---

11–12 non . . . spontanee *om.* BC        16 primo *om.* A        18 Petrus: eius
principalis discipulus et apostolus *add.* B        19 Christi *om.* A        et: eius *add.* B
hora prima *om.* B        22 concilium: ortum *codd.*

---

2–3 locus . . . pariete: this accords with the description in Petrus Comestor, *Historia Scholastica*, c. 5, *PL* 198, col. 1540A.
4 ante . . . asinum: cf. Is. i. 3.
9–18 The meditation combines details from the passion narratives in Matth. xxvi. 47–75, Marc. xiv. 43–72, Luc. xxii. 47–62, Ioan. xviii. 3–27.
22–6 Matth. xxvi. 59–68, Marc. xiv. 55–65, Luc. xxii. 63–5.
23–4 et quod . . . Ierusalem: this charge, here out of place, was made before Pilate, Luc. xxiii. 5.
26–p. 86, l. 1 Is. liii. 7.

locum et horam in quibus natus fuit Dominus noster Iesus Christus dulcis. Tempus fuit in medio hyemis, quando maximum frigus fuit; hora erat in media nocte, que est hora durissima; locus erat in media via, in una domo sine pariete, que dicitur diversorium a divertendo:
5 nam illic homines divertebantur pro pluvia et aliis tempestatibus. In qua fuit pauperrimis panniculis involutus, cum una fascia ligatus, et in presepe positus, coram bove et asino, quia non habuit alium locum in diversorio. Hic debes cogitare de diligenti cura beate Marie circa puerum suum Iesum; et de Ioseph, marito suo, quomodo habuit magnum
10 gaudium. Cogita eciam de devocione pastorum et de dulci turba angelorum; erigeque cor tuum ad Deum, et cantica cum illis, 'Gloria in excelsis Deo', etc.

94. De passione debes cogitare quomodo tali hora noctis fuit a suo discipulo Iuda traditus, sicut traditor captus, sicut latro ligatus, et ut
15 nequam ductus. Cogita similiter intime quomodo se sponte optulit Iudeis et gentibus, et quomodo osculatus est Iudam traditorem suum, et illum vocavit nomine suo et appellavit illum amicum suum; qualiter prohibuit suis discipulis ut nullus eorum evaginaret gladium; et quomodo sanavit auriculam quam sanctus Petrus amputavit; et quomodo
20 sui discipuli ipsum dimiserunt, et maledicti Iudei ipsum ceperunt, tenuerunt et ligaverunt, et post duxerunt eum primo ante Annam; et ibi fuit examinatus et colaphizatus, quia respondebat contra illorum voluntatem. Postea duxerunt eum coram Caypha, ubi sanctus Petrus ter ipsum negavit propter verba cuiusdam ancille maledicte.

25 *De illusione et resurrectione ad primam*
*Capitulum 21*

95. Ante primam debes cogitare de passione et resurrectione. De passione cogitares quomodo Iudei duxerunt illum in suum concilium, et perhibebant falsum testimonium contra ipsum; et imposuerunt ei
30 quod blasfemavit, et quod ipse dicebat se posse destruere templum Dei et in triduo reedificare illud, et quia ipse circuivit totam patriam a Galilea usque ad Ierusalem, subvertens gentem suam; et inceperunt mentiri de eo diversis modis, conspueruntque in faciem eius benedictam vilius quam super canem. Postea cooperuerunt oculos eius pulcerrimos,
35 et dederunt ei alapas, et interrogabant eum dicentes, 'Quis est qui te percussit?' Et de omnibus istis, que dulcis Iesus paciebatur, nunquam

---

25 illusione: passione HL; resurrectione: Domini *add.* K; ad primam *om.* HM

4–5 que ... tempestatibus: for a similar gloss on diversorium see *Historia Scholastica*, c. 5, *PL* 198, col. 1540A.

quasi agnus ducendus ad occidendum. Hec et alia multa intulerunt ei, que longum esset universa enarrare.

96. De resurrectione vero cogitare non pretermittas, qualiter a mortuis Christus mane resurrexit, postquam infernum spoliavit et animas sanctorum liberavit de predonis pessimi potestate. Hinc ergo de 5 eius multiplici apparicione cogitandum est: scilicet, qualiter pro sua dulci dilectione, qua dilexit suos, in fide confirmavit; qualiter quinquies apparuit in eodem die qua resurrexit, et tociens postea.

97. Primo apparuit Marie Magdalene, quando putabat ipsum fuisse ortolanum. Secundo eidem unacum aliis mulieribus in via, quando dixit 10 eis 'Avete.' Tercio Petro, sed ubi vel quomodo scriptura non dicit. Quarto duobus discipulis euntibus usque Emaus, quando putantes eum fore peregrinum eum inde in fractione panis cognoverunt. Quinto apparuit ⟨decem⟩ apostolis, quando Thomas non erat cum eis, et dixit eis, 'Pax vobis'; et quia putaverunt spiritum videre, ostendit eis manus 15 et pedes, et promisit eisdem se cum illis mansurum usque in finem seculi.

98. Sexto apparuit illis quando Thomas erat cum eis, et dixit ei, 'Infer digitum tuum huc et cognoscere loca clavorum', etc. Septimo Petro et Iohanni et Nathanaeli piscantibus in mari Tiberiadis, et comedit cum 20 eis; et ibi Petrum ter interrogavit an plus aliis se diligeret. Octavo apparuit eis in monte Galilee, quando precepit eis ire per totum mundum, baptizare credentes, etc. Nono in die ascensionis, quando erant in prandio, et increpavit incredulitatem illorum et duriciam cordis. Decimo apparuit eis eodem die, quando duxit eos extra civitatem in montem 25 Oliveti, et precepit eis ne discederent ab Ierusalem, et benedixit eis et ascendit in celum, etc.

---

1 agnus *om.* A    3 non pretermittas: debes C    6–7 qualiter . . . confirmavit *om.* C    14 decem: undecim *codd.*    26 Ierusalem: sed expectarent
promissionem Patris *add.* B    26–7 et ascendit . . . etc. *om.* B

---

4–5 Cf. I Pet. iii. 18–19.
9–10 Marc. xvi. 9, Ioan. xx. 11–16.
10–11 Matth. xxviii. 9–10.
11 Luc. xxiv. 34, I Cor. xv. 6.
12–13 Marc. xvi. 12–13, Luc. xxiv. 13–31.
13–16 Quinto . . . pedes: Luc. xxiv. 36–41, Ioan. xx. 19–23.
16–17 Matth. xxviii. 20.
18–19 Ioan. xx. 26–9.
19–21 Ioan. xxi. 1–17.
21–3 Matth. xxviii. 16–20.
23–4 Marc. xvi. 14–15, Act. i. 4.
24–7 Luc. xxiv. 50–1, Act. i. 6–12.

dixit semel, 'Quare sic facitis?' Sed sicut agnus in medio luporum, sive ductus ad occisionem, vel coram tondente, se obmutuit; et ita continue se habuit, quod nullum verbum sonare voluit. Multa alia sibi tunc fecerunt, que nimis prolixum esset enarrare.

5   96. De resurrectione cogitare debes quod tali hora resurrexit Dominus de morte ad vitam, postquam infernum destruxerat, et omnes sanctas animas a potestate inimici liberabat. Hic debes cogitare de magna dulcedine suarum apparicionum, quomodo apparuit quinquies eadem die et quinquies posterius.

10   97. Primo apparuit Marie Magdalene, quando ipsa estimabat illum fuisse ortolanum. Secundo apparuit eidem et aliis mulieribus in via, quando salutavit eas dicens, 'Avete', id est 'Deus salvet vos.' Tercio apparuit sancto Petro, sed non habemus modum quomodo sibi apparuit. Quarto apparuit aliis duobus discipulis euntibus versus castel-
15 lum de Emaus, quando putabant quod ipse fuisset peregrinus, et tunc cognoverunt eum in fractione panis. Quinto apparuit decem apostolis, quando sanctus Thomas non erat cum eis, et quando stetit in medio illorum et dixit illis, 'Pax vobis', et ostendit illis manus suas et pedes, quia putaverunt ipsum fuisse spiritum.

20   98. Sexto apparuit iterum apostolis quando sanctus Thomas fuit presens, et quando Dominus dixit illi, 'Affer digitum tuum in loca clavorum', scilicet in manus et pedes, 'et mitte manum tuam in latus meum, et noli esse incredulus sed fidelis.' Septimo apparuit sancto Petro, sancto Iacobo et sancto Iohanni et Natanaeli, quando piscaverunt
25 in mari quod evangelium vocat mare Tybiriadis, ubi comedit cum illis, et quesivit ter a sancto Petro si ipsum plus aliis diligeret. Octavo apparuit apostolis in monte Galilee, quando precepit illis ire in universum mundum et predicare evangelium omni creature, et baptizare omnes gentes in nomine Patris et Filii et Spiritus sancti; et dixit illis quod ipse
30 esset cum eis omnibus diebus usque ad consummacionem seculi. Nono apparuit illis in die ascensionis, quando fuerunt ad prandium, et exprobravit incredulitatem illorum et duriciam cordis. Decimo apparuit illis eodem die, quando eduxit eos de civitate in montem Oliveti, et precepit illis quod manerent in illa civitate quousque induerentur vir-
35 tute ex alto, deditque illis suam dulcem benedictionem, recessitque ab eis, et ascendit ad celum, et sedet ad dexteram sui Patris.

## De adventu Spiritus sancti et de Christi
## flagellacione hora tercia
## Capitulum 20

99. Ante horam terciam cogita de passione et penthecoste. De
passione, qualiter in illa hora Iesus erat exspoliatus usque ad nudum, 5
ligatus ad columpnam in domo Pilati, flagellatus tam crudeliter quod a
vertice capitis usque ad plantam pedis non est in eo relicta sanitas. Et
quomodo Pilatus misit eum ad Herodem, qui contemptum remisit eum,
alba toga vestitum, in signum quod stultum reputavit illum. Pilatus
autem voluit sic liberare eum de manibus eorum, prius tamen verbere 10
castigatum, sicut moris erat de latronibus liberandis. Et qualiter ad
illudendum duxerunt eum foras ad populum, vestitum pallio rubeo, et
dederunt ei in manum suam arundinem pro sceptro, et posuerunt super
caput eius coronam spineam, genua flectentes et derisorie dicentes, 'Ave,
rex Iudeorum.' Pilatus ergo volens populo satisfacere, dimisit eis 15
quemdam latronem, tradens Iesum in manus eorum, sine causa, crucifigendum.

100. De penthecoste cogita qualiter illa hora misit Deus Spiritum
sanctum in discipulos suos, in specie linguarum ignearum, ut habundantes essent in sermone cuiusque nacionis, et ardentes in caritate. Hoc 20
autem ex divina providencia factum est. Duobus enim modis hostis
antiquus decepit hominem in paradiso, scilicet per lingue fallentis
perversam suggestionem, et per veneni sui frigiditatem. Ideo venit
Spiritus sanctus in specie linguarum, contra diabolicam instigacionem;
et in specie ignis, ad destruendam veneni frigiditatem.                      25

## De Christi incarnacione et eiusdem crucifixione hora sexta
## Capitulum 21

101. Ante horam sextam meditari debes de Christi incarnacione et de
ipsius passione. De primo, quam misericors et compaciens fuit Deus
humane miserie, pro qua dignatus est Homo fieri et mortem subire, ex 30
quo potuit nos alio modo liberasse. Hoc autem fecit ut amorem erga eum

3 cc. 20–8 *desunt per damnum duorum foliorum* C2      5 usque ad nudum: et
nudus B     14 derisorie dicentes: dicentes irridendo C     30 et: pro miseris *add.*
BC

5–17 Matth. xxvii. 16–31, Marc. xv. 7–20, Luc. xxiii. 7–5, Ioan. xviii. 93–xx. 3.
6–7 quod . . . sanitas: Is. i. 6.
18–20 Act. ii. 1–4.
29–31 De . . . liberasse: cf. *De Sac.*, I, 8, c. 10, 'Quod aliter Deus redemisse potuisset hominem si voluisset'; and II, 1, c. 6, *PL* 176, coll. 311, 388.

## De adventu Spiritus sancti et de flagellacione Christi
## ad horam terciam
## Capitulum 22

99. Ante terciam debes cogitare de passione et de pentacoste. De
5 passione debes cogitare qualiter Dominus noster Iesus Christus fuit
in tali hora despoliatus et totus nudus, et in domo Pylati ad unam columpnam ligatus, et ita crudeliter flagellatus quod a vertice capitis usque ad
plantam pedis non remansit in eo sanitas. Cogita similiter quomodo
Pylatus misit illum ad Herodem, et quomodo reliquit eum Herodes, et
10 ipsum deridebat, et induebat ipsum tunica alba in signum quod tenuit
illum esse stultum, et remisit illum ad Pylatum. Pylatus vero proposuit
ipsum liberare, sed prius voluit ipsum castigare, secundum modum
latronum qui deberent immunes dimitti. Et milites eum ceperunt et
congregaverunt totam cohortem ad respiciendum eum, clamidemque
15 coccineam circumdederunt ei, dederuntque ei baculum de arundine in
loco sceptri, et imposuerunt coronam spineam super caput eius; et
coram ipso genuflexerunt, et deridendo ipsum salutare inceperunt. Sed
adhuc propter omnia ista Iudei noluerunt eum dimittere; et Pylatus
volens illis satisfacere, deliberavit illis unum latronem, Barrabam,
20 donavitque illis Iesum sine causa crucifigendum.

100. De pentacoste debes cogitare quod tali hora diei misit Dominus
noster Spiritum sanctum suis discipulis, in eodem loco congregatis, in
similitudine ignis et linguarum, ut essent habundantes in sermone et
ardentes in amore. Et ista fuit recta providencia Domini nostri Dei,
25 quia duobus modis venit malignus spiritus ad hominem decipiendum in
paradiso, scilicet per malum incitamentum sue lingue, et per frigiditatem sui veneni. Et ideo venit Spiritus sanctus in lingua, contra incitamentum diaboli, et in igne, ad destruendum frigiditatem sui veneni.

## De incarnacione et crucifixione ad sextam
## Capitulum 23

30

101. Ante meridiem debes cogitare de annunciacione et de passione.
De annunciacione cogitabis de misericordia Dei nostri, quia voluit
Homo devenire, et mortem pati pro nobis in sua humanitate, cum alio
modo potuit nos redemisse. Et totum hoc nobis fecit ut sibi attraheret

---

1 adventu: missione M, missione et adventu S     2 ad . . . terciam om. M
26 lingue: fallentis add. M     27 veneni: Quid enim profuisset creator nisi nos perditos
liberasset salvator add. M (v. SR, c. 21. 101)     27-8 Et . . . veneni om. MN
29 crucifixione: Domini add. FLQ     ad sextam om. M     34 modo: non add. G1

in nobis accenderet indeficientem. Si enim alius fuisset creator aliusque
salvator sive redemptor, plus diligeremus nostrum salvatorem quam
nostrum creatorem. Quid enim nobis profuisset creator, nisi nos
perditos liberasset salvator? Ideo noster creator fieri voluit noster
liberator, et in suo corpore totum nostrum tollerare dolorem et reatum,  5
ut nostrum totum sibi vendicaret amorem.

102. De passione cogita quod illa hora crucifixus erat Iesus inter duos
latrones, unum a dextris et alium a sinistris, tamquam magister eorum.
Hic quid dicatur nescio. Nam si omnes infirmitates, omnesque dolores
et angustie mundi fuissent vel esse possent in unius hominis corpore, et  10
ille solus homo posset sustinere tantos dolores et angustias quantos
omnes homines sustinere possent, modicum aut nichil esset in comparacione doloris quem Christus in cruce passus est. Unde si vivere possem
mille annos et millesies mori cotidie morte consimili qua semel ille
mortuus est, non recompensarem sic dolorem quem pro me passus est.  15
Ex hoc dicet aliquis quod maior erat pena Christi in cruce quam
tormentum infernale pro tanto tempore. Hoc ideo videtur esse verum,
hac racione. Nulla creatura tanta mala pati potuit quanta Christus, quia
nulla creatura tantam virtutem habet in se. Sed est creatura que pati
potest penas inferni eternaliter. Ergo pena inferni levior est quam pena  20
Christi pro tanto tempore. Unde per Ieremiam ait, 'O vos omnes qui
transitis per viam, attendite et videte si est dolor sicut dolor meus', etc.
Certe nec est nec esse potest equalis illi. Hec tamen asserere non audeo
propter quorumdam consciencias.

103. Cogita de dolore matris Iesu, quanto dolore repleta fuit quando  25
stetit ad dexteram filii sui crucifixi, ubi accepit discipulum pro magistro,
servum pro Domino, filium piscatoris pro filio imperatoris, Iohannem
filium Zebedei pro Iesu Filio Dei. Ideo potuit dicere quod dicebat
Noemi, 'Nolite vocare me Noemi, (id est pulcram), sed Mara, (id est

---

8 unum . . . sinistris *om.* BC          22 dolor: vester *add.* A, similis *add.* B
29 Mara: Mariam *codd.*

---

1–6 Si . . . amorem: cf. *De Sac.*, 1, 10, c. 8, 'Propterea ne plus a te diligeretur alter
quidam redemptor, quam ipse creator, voluit ipse creator esse redemptor, et sustinuit
tuam passionem ut emeret tuam dilectionem.' *PL* 176, col. 341B; see also 1, 10, c. 4, col.
333.
   7–8 De . . . eorum: Matth. xxvii. 38, Marc. xv. 27–8, Luc. xxiii. 33, Ioan. xix. 18.
   21–2 Lam. i. 12; this text is used in the same context, a meditation on Christ cruci-
fied, in the twelfth-century *Meditationes Ernaldi Abbatis, PL* 189, col. 1736D.
   25–8 Ioan. xix. 25–7; cf. Anselmus, *Oratio xx, PL* 158, col. 904A: 'quibus singulti-
bus aestimabo purissimum pectus tuum vexatum esse, cum tu audires: Mulier, ecce
filius tuus; . . . Cum acciperes in filium discipulum pro magistro, servum pro Domino';
and Bernardus, *Sermo pro dom. infra oct. Assumptionis B.V.M.* (15), *PL* 183, col. 438A:

nostrum amorem. Nam si unus esset noster creator et alius noster salvator, tunc plus amaremus nostrum redemptorem quam nostrum creatorem. Et ideo voluit noster creator esse noster redemptor et salvator; et pati in suo corpore totum nostrum dolorem, ut sic emeret
5 totum nostrum amorem.

102. De passione debes cogitare quod tali hora fuit Iesus crucifixus inter duos latrones, unum a dextris et alium a sinistris, ac si esset illorum magister. Hic nescio quid dicam. Nam si omnes morbi et dolores istius mundi essent in corpore unius solius hominis, et si ille
10 homo posset concipere tantam angustiam et tantum dolorem sicut omnes homines in isto mundo, parum esset aut nichil in comparacione ad dolorem quem sustinuit pro nobis in una hora diei. Unde si possem vivere per centum mille annos, et qualibet die millies mori pro eo eadem morte qua nisi semel moriebatur pro me, nichil esset in comparacione
15 ad dolorem quem habuit in se. Tunc diceret aliquis michi quod pena quam Christus sustulit in cruce pro nobis, fuit maior quam fuit pena inferni, in tanta hora. Verum est, et propter istam causam. Nulla creatura potuit tantum pati sicut Iesus, cum nullus habuit in se tantum de virtute. Sed aliqua creatura posset pati penam infernalem in igne
20 perpetuo. Ergo: apparet quod pena infernalis fuit minor in tanto tempore quam pena Christi. Non dico hoc certitudinaliter, propter conscienciam alicuius gentis. Propter quod dicit Dominus de seipso per Ieremiam prophetam, 'O vos omnes qui transitis per viam, attendite et videte si est dolor sicut dolor meus.' Certe nullus est, nec unquam fuit
25 dolor in isto mundo ad dolorem tuum, dulcissime Iesu.

103. Hic eciam debes cogitare de dulcissima Virgine Maria, quanta angustia erat repleta quando stetit ad dexteram sui filii dilectissimi, et recepit discipulum pro magistro; et quomodo habuit magnum dolorem quando recepit servum pro Domino, filium peccatoris pro filio impera-
30 toris, Iohannem filium Zebedei pro Iesu Filio Dei. Ideo potuit ipsa dicere de seipsa illud quod dixit Noemi, 'Ne me dicas magnaliter pulcram, sed de cetero appelles me amaram, nam amaritudine et magno

---

17 in tanta hora *om.* M    Verum est: Hoc videtur verum esse M    21–2 Non
. . . gentis *om.* M    27 dilectissimi: crucifixi *add.* M    29 peccatoris: piscatoris M2, *add. in marg.* G1    31–2 Ne . . . amaram: Nolite me vocare Noemy,
id est pulcram, sed de cetero appelletis me mara, id est amaram M (v. *SR*,
c. 21. 103)

---

[*cont. from p. 90*] 'O commutationem! Ioannes tibi pro Iesu traditur, servus pro Domino, discipulus pro Magistro, filius Zebedaei pro Filio Dei, homo purus pro Deo vero!'
29–p. 92, l. 1 Ruth i. 20; cf. Rabanus Maurus, *Comm. in Ruth*, c. 4, where Noemi stands for the suffering Church and the same verse from Cant. i is quoted to illustrate the effects of her suffering, *PL* 108, coll. 1204–5.

amaram), quia amaritudine replevit me Omnipotens.' Eodem modo
loquitur in Cantico Amoris: 'Ne miremini si fusca sim, quoniam
decoloravit me sol.' Hic tamen illum sensit gladium doloris acutissimi,
de quo prophetavit Symeon in templo Domini, quando Iesum sibi
oblatum tenebat in manibus. Hic promissum Anne prophetisse accepit 5
Maria, quod promisit de puero Iesu.

## De morte Iesu et eius ascensione hora nona
## Capitulum 22

104. Ante horam nonam cogita de passione et ascensione Christi. De
passione, qualiter illa hora mortem passus est auctor vite eterne, pro 10
amore nostro et caritate qua dilexit nos, ut per ipsum viveremus. Hic
cogitandum est de verbis que locutus est in cruce pendens Christus
Iesus, et de signis que contigerunt in morte ipsius.

105. Primum eius verbum fuit, 'Pater, ignosce illis, quia nesciunt
quod faciunt.' Secundum dictum fuit latroni confitenti, 'Amen dico tibi, 15
hodie mecum eris in paradiso.' Tercium dictum fuit matri sue de
Iohanne, 'Mulier, ecce filius tuus; deinde dixit discipulo, ecce mater
tua.' Quartum, 'Sicio.' Quintum, 'Hely, Hely', etc. Sextum, 'Consummatum est', id est prophecia de me completa est. Septimum, 'Pater, in
manus tuas', etc., 'et inclinato capite emisit spiritum.'      20

106. Signa autem que contigerunt in morte ipsius sunt hec: tota terra
tremuit, et velum templi scissum est in duo et bipartite cecidit; petre

---

7 Iesu: Christi *add.* BC; hora nona *om.* B      15 Amen . . . tibi *om.* A
21 Signa . . . hec; Quinque autem signa sunt hec C

---

1–3 Cant. i. 5.
3–6 Hic . . . Iesu: Luc. ii. 35–8.
11–13 Hic . . . Iesus: a sermon on this theme, preached by Edmund to the monks of
Pontigny, is preserved in Matthew Paris's *Vita S. Edmundi*, see Lawrence, pp. 286–9.
For the tradition on which Edmund drew see 'St. Edmund of Abingdon's meditations
before the canonical hours', *Ephemerides liturgicae*, lxxviii (1965), pp. 33–57.
14–15 Luc. xxiii. 34.
15–16 Luc. xxiii. 43.
17–18 Ioan. xix. 26–7.
18 Sicio: Ioan. xix. 28; Hely, Hely: Matth. xxvii. 46, Marc. xv. 34; this reverses the
traditional order found, for example, in Petrus Comestor, *Historia Scholastica*, PL
198, coll. 1629–33, and in *SE*, c. 24. 105.
18–19 Consummatum: Ioan. xix. 30.
19–20 Luc. xxiii. 46.
21–p. 94, l. 2 Matth. xxvii. 45–54, Marc. xv. 33–8, Luc. xxiii. 44–5.

dolore Dominus omnipotens replevit me.' Consimiliter potuit illa
dicere illud in Cantico Amoris: 'Ne mireris si fusca sim et pallida; sol
enim discoloravit me.' Ideo dicit unus anglicus, pietate motus:

Now gothe þe son undir wodde,
5     Me rewey Mary þy faire rodde.
Now gothe þe son undir þe tree,
Me rewei Marie þi son and þee.

O puella speciosa, iam veraciter es experta acutissimum punctum illius
gladii, de quo Symeon fecit tibi mencionem in die Purificacionis tue.
10 Modo eciam recepisti promissa, que tibi promisit Anna prophetissa.

### De morte Iesu Christi et de eius ascensione ad nonam
### Capitulum 24

104. Ante nonam debes cogitare de passione et de ascensione. De
passione cogitabis quod tali hora moriebatur auctor vite propter
15 nostrum amorem. Hic debes cogitare de septem verbis que locutus fuit
in cruce, et de quatuor signis que acciderunt in morte ipsius.

105. Primum verbum quod dixit fuit illud, 'Pater, ignosce illis suum
peccatum, quia nesciunt quid faciunt.' Secundum verbum fuit tale,
'Amen, amen dico tibi, hodie mecum eris in paradiso'; istud verbum
20 dixit latroni bono penitenti. Tercium verbum fuit illud quod dixit
matri sue de sancto Iohanne tali modo, 'Mulier, ecce filius tuus; deinde
dixit discipulo, ecce mater tua.' Quartum fuit hoc, 'Hely, Hely, lamaza-
batany: hoc est, Deus meus, Deus meus, ut quid dereliquisti me?'
Quintum fuit illud, 'Sicio.' Sextum fuit hoc, 'Consummatum est',
25 hoc est iam prophecia adimpleta est. Septimum est illud, 'Pater, in
manus tuas commendo spiritum meum, et inclinato capite emisit
spiritum.'

106. Quatuor signa fuerunt ista: tota terra incepit tremere, et uni-
versalis terremotus factus est; velum templi scissum est in duas partes

3–7 Ideo...þee *om.* N    4–5 Now...rodde *om.* MOPQ    4–7 Now...þee
*om.* Bi    11 Iesu *om.* FMNOPQT; de *om.* FMOQ; ad nonam *om.* FMT

---

2 fusca sim: M2 here inserts the marginal gloss from M1, fuscus, ca, cum, anglice
browne, vel mali coloris.
4–7 See the note on this quatrain by S. Manning, 'Nou goth Sonne under wod',
*Modern Language Notes*, lxxiv, 1959, pp. 578–81.
22–4 Quartum . . . Sicio: cf. *SR*, c. 22. 105.

scisse sunt, et monumenta apparuerunt et mortui surrexerunt; et sol
obscuratus est ab hora sexta usque ad horam nonam.

107. De ascensione Christi sic debes meditari, qualiter illa hora
ascendit Dominus in montem Oliveti, de quo videntibus discipulis et
matre mirabiliter ascendit in celum, et sedet ad dexteram Patris. 5
Discipuli vero gaudentes cum matre reversi sunt in civitatem, et
permanserunt simul in domo, vacantes ieiuniis et oracionibus, usque
ad adventum Spiritus sancti, sicut eis Dominus, antequam ascendebat,
imperavit.

*De cena Domini et deposicione de cruce hora vespertina* 10
*Capitulum 23*

108. Ante horam vespertinam cogita de cena Domini et de passione.
⟨De passione⟩, qualiter Ioseph ab Aramathia petiit a Pilato corpus Iesu.
Venientes autem milites ad crucem, fregerunt crura latronum, et unus
ex illis militibus, nomine Longeus, latus Christi lancea perforavit, a quo 15
statim exivit sanguis et aqua. Ioseph autem eum de cruce deposuit, quia
nullum corpus mortuum manere deberet insepultum propter diei
sequentis festivitatem.

109. De cena, qualiter Dominus dedit corpus suum et sanguinem
discipulis suis in specie panis et vini, quod videre possumus; verum 20
corpus et verum sanguinem Iesu Christi oculo spirituali quod videre
nequimus oculo carnali; et tercium est spiritualis gracia, quam suscipi-
mus quando communicamus, sumentes carnem Christi et sanguinem
per fidem.

4 de quo: qui B      10 et: eius *add.* BC      12 passione: *hic med. de cena seq.*
C      13 ⟨De passione⟩ *supplevi*      21-4 quod...fidem *om.* B

3-9 Marc. xvii. 19, Luc. xxiv. 50-1, Act. i. 4-14.
12-18 Matth. xxvii. 57-9, Marc. xv. 43-6, Luc. xxiii. 50-3, Ioan. xvi. 32.
19-20 Matth. xxvi. 26-8, Marc. xiv. 22-4, Luc. xxii. 19-20, Ioan. xvi. 32.
19-p. 96, l. 8 De . . . credimus: cf. *De Sac.*, II, 8, c. 7, 'Tria esse in sacramento altaris: panis et vini speciem, corporis Christi veritatem, gratiam spiritualem', *PL* 176,
coll. 466-7.

et cecidit; petre scisse sunt et monumenta aperta sunt, et mortui surrexerunt; et sol obscuratus est, et retraxit a mundo suam claritatem, a
meridie usque ad horam nonam. Unde dixit Dyonisius Arriopagita,
existens in partibus remotis ab Ierusalem, 'Aut Deus nature patitur,
5 aut tota mundi machina dissolvitur.'

107. De ascensione cogitabis quia in tali hora ivit Dominus noster in
montem Oliveti, videntibus discipulis et dulcissima matre eius, et
abinde ascendit ad celos, seditque ad dexteram sui Patris. Et discipuli
eius reversi sunt in civitatem, ibique fuerunt in ieiuniis et oracionibus
10 usque ad adventum Spiritus sancti. Fuerunt enim congregati in una
domo centum viginti homines, expectantes adventum Spiritus sancti,
sicut precepit illis Dominus.

## *De cena Domini et deposicione Iesu de cruce ad vesperas*
*Capitulum 25*

15   108. Ante vesperas debes cogitare de cena Domini et de passione. De
passione cogitares quomodo Ioseph ab Aramathia impetravit corpus
Iesu de Poncio Pylato; et quomodo milites venerunt ad crucem et
fregerunt crura duorum latronum; et quomodo unus militum lancea
benedictum latus Iesu perforavit, et continuo exivit sanguis et aqua:
20 sanguis in signum nostre redempcionis, et aqua in signum remissionis
peccatorum. Ioseph vero deposuit ipsum de cruce propter hoc quod
nullum corpus deberet remanere inhumatum in tam magna et alta die
qualis fuit in crastina die sequente.

109. De cena debes cogitare quomodo tali hora dedit Dominus noster
25 discipulis suis corpus suum et sanguinem suum in similitudinem panis
et vini. Hic debes scire quod in sacramento altaris sunt tria: scilicet
similitudo panis et vini, quam videmus corporaliter; secundum est
verum corpus et sanguis Domini nostri Iesu Christi, que non possumus
videre oculo nostro corporali; tercium est spiritualis gracia, quam recipi-
30 mus quando digne sumimus illud sanctissimum corpus atque illum
beatissimum sanguinem.

---

4 Ierusalem: scilicet Athenis *add.* Bi      11 centum G1Bi, circa *cet. codd.*
15 passione EBi, deposicione *cet. codd.*    15–16 De passione *om.* MQ; passione
EBi, deposicione *cet. codd.*

---

3–5 Unde . . . dissolvitur: cf. *Historia Scholastica*, c. 175, 'Legitur quia tunc
Athenis vigebat studium, et cum inquisivissent philosophi causam tenebrarum, nec
invenirent, dixit Dionysius Areopagita quod Deus naturae patiebatur.' *PL* 198, col.
1631. See also the letter purporting to be from Dionysius to Polycarp, *Ep. 7*, *PG* 3,
col. 1082.
10–11 Fuerunt . . . homines: Act. i. 15.

110. Videtur enim panis et vinum quod sumimus, sed non est substancia panis et vini. Credimus enim firmiter, verum esse corpus Christi et sanguinem. Speciem enim carnis et sanguinis non videmus, quoniam horrorem haberemus carnem crudam comedere et sanguinem humanum potare. Ideoque nobis dedit corpus suum, carnem et sangui- 5 nem ad vescendum in specie panis et vini, ad confortandum sensum nostrum corporalem per cibum quem videre solemus; et ad edificacionem fidei nostre: aliud enim videmus et aliud credimus. Quapropter, cum accedis ad altare ad communicandum, sic sumetur illud sacramentum, cum reverencia et humili devocione et corde contrito, tamquam 10 illud de Christi latere suscipere. Illud autem memorari non pretermittas, quod qui corpus dulcis Iesu suscipit indigne, iudicium sibi sumit.

Constat in altari carnem de pane creari, (vel sacrari),
Ista caro Deus est, qui negat hoc reus est.
Hoc sacrum pignus nullus sumat nisi dignus, 15
Qui capit indigne, digne cruciabitur igne.

## *De sudore Christi sanguineo et eius sepultura hora completorii*
## *Capitulum 24*

111. Ante completorium cogita qualiter Ioseph et Nichodemus involverunt corpus Iesu in lintheis albis, et unguento precioso unxerunt, 20 et in sepulcro novo posuerunt, volventes lapidem ad hostium monumenti. Iudei vero signantes lapidem, posuerunt milites ad custodiendum sepulcrum.

112. Aliud est eciam de quo precipue cogitabis, qualiter post cenam egressus est Iesus in ortum, ubi se dedit ad oracionem; et pro future 25 mortis angustia sudor eius factus est tamquam gutte sanguinis in terram distillantis.

---

1 Videtur enim: Unde videtur esse B        8 fidei: anime A        nostre: quia *add.* B
11–12 Illud . . . sumit *om.* C; Unde dicitur B        13–16 Constat . . . igne *om.* C;
vel sacrari *om.* B        17 hora completorii *om.* B        21 et . . . posuerunt *om.* AB
24 precipue: devote B, *om.* C

---

4–7 Cf. *De Sac.*, II, 8, c. 7, *PL* 176, col. 467, 'Sed ne rursum humana infirmitas tactum carnis in assumptione horreret, consueti et principalis edulii speciem illam velavit; et sic sumendam proposuit; ut sensus in uno foveretur, et fides in altero aedificaretur.'
11–12 I Cor. xi. 27.
13–14 Constat . . . est: see H. Walther, *Carmina*, I, 1, n. 3214; II, 1, n. 3219. Walther's version, from the Florilegium Gottingense (ed. E. Voigt, *Romanische Forschungen*, 3 (1887), n. 316, p. 310), has the variant *sacrari.*
19–23 Matth. xxvii. 59–66, Marc. xv. 46, Luc. xxii. 53, Ioan. xix. 39–42.
24–7 Matth. xxvi. 36–46, Marc. xiv. 32–42, Luc. xxii. 39–46.

110. Nos videmus similitudinem panis et vini, attamen substancia panis et vini non remanet post consecracionem. Et nos credimus firmiter, quod illa similitudo habet et continet in se veraciter corpus et sanguinem Domini nostri Iesu Christi. Verumptamen similitudinem
5 corporis et sanguinis Domini non possumus videre, quia enim abhorreremus et timorem haberemus, quantum ad corpus, comedere carnem crudam et bibere sanguinem hominis. Ideo dedit nobis Dominus suum corpus et suum sanguinem sub specie panis et vini, ad confortandum nostrum sensum corporalem per talem cibum quem solemus
10 videre, et audemus comedere; et ad edificandum nostram fidem per hoc, quod videmus unum et credimus aliud. Et ideo quando debes appropinquare ad altare ut communiceris, ita sumes illic illud sacramentum ac si reciperes visibiliter corpus suum et sanguinem suum, qui effluxit de latere eius.

15 *De sudore sanguineo et sepultura Domini ad completorium*
*Capitulum 26*

111. Ante completorium debes cogitare primo quomodo Ioseph et Nichodemus involverunt corpus Iesu Christi in pulcris lintheaminibus et sindone munda; et unxerunt illud unguento precioso, et posuerunt
20 illud in sepulcro, et lapidem ad hostium monumenti. Iudei quoque apposuerunt sigilla sua supra petram, et ordinaverunt milites ad custodiendum sepulcrum.

112. Secundum quod hic debes cogitare est quomodo dulcis Dominus noster Iesus Christus, die cene, postquam cenavit, ivit cum discipulis
25 suis in unum ortum, ubi Patrem suum oravit; et pre tristicia mortis taliter sudavit quod gutte sanguinis stillaverunt de facie sua benedicta usque ad terram.

13 reciperes: susciperes M     14 eius: Illud autem memorari non pretermittas quod qui corpus Iesu suscipit indigne, iudicium sibi sumit M (v. *SR*, c. 23. 110)     15 sanguineo: sanguinis L, sanguinolento MS     ad completorium *om.* M 18 pulcris: et albis *add.* M

*De contemplacione Dei in sua deitate, et primo qualiter*
*Deus nec omnino voluit occultari nec penitus revelari*
### Capitulum 25

113. In hiis ergo que dicta sunt modum habes et materiam cogitandi
de Deo in humanitate sua. Post hec sciendum est qualiter de Deo sit 5
meditandum in sua summa et simplici deitate.

114. Ad quod scire debes a principio creacionis humane Deus sic
disposuit de se suam temperare noticiam, quod nec se penitus voluit
agnosci, nec totaliter occultari. Si enim homini seipsum omnino
revelasset, fides nichil valuisset, infidelitas tunc fuisset extincta. ⟨Si vero 10
se omnino celasset, fides non fuisset, infidelitas tunc fuisset excusata.⟩
Ideo pro parte voluit se celari, et partim eciam revelari.

*Quot modis Deus homini se primo revelavit, et qualiter*
*sine principio Deus est et sine fine, et*
*qualiter Deus appellatur hoc nomine*     15
### Capitulum 26

115. Quatuor autem modis Deus revelatur: duobus modis interius,
et duobus exterius. Interius per revelacionem et racionem, exterius per
scripturam et per creaturam. Per revelacionem sicut quondam se Deus
ostendit quibusdam, per inspiracionem aut per miraculum.     20

116. Per racionem pervenit homo ad cognicionem Dei hoc modo.
Videns homo quod ipse in se habet esse, qui non semper habuit esse,
racionatus est apud se cognovitque quod aliquando cepit esse. Sed quod
non est esse sibi dare non potest. Ergo, aliquid esse prius ipse fuit, quod
ei dare potuit. Hoc idem de unoquoque temporali fieri necesse est, 25
quorum alia nascuntur dum alia deficiunt et moriuntur. Quoniam igitur
omnia a seipsis esse non habent, necesse est unum esse quod omnibus
aliis donet esse, et quod a nullo habet esse. Et quia omnia alia habent
inicium, necesse est unum esse sine principio, quod aliis essendi dat principium; et ipsum esse ante omnia, et nichil ante ipsum, quod omnibus 30
aliis prestet inicium. Si enim principium haberet, ab alio haberet esse,

---

1 deitate: divinitate BC     primo *om.* C     1–2 et primo . . . revelari *om.* B
5 sciendum: investigandum B     9 omnino *om.* A     9–11 Si . . . excusata⟩:
*textus vitiatus esse videtur*     10 extincta B, excusata AC     10–11 ⟨Si . . . ex-
cusata⟩ *supplevi*     13–15 et . . . nomine *om.* B     23 quod (1): id quod aliquando
non fuit et modo est, quod *add.* B     Sed: Et quia illud B     24 aliquid esse:
aliquid BC     quod: esse *add.* C     25 ei: esse *add.* B     27 habent: et ab
alio esse habent *add.* C

---

7–9 Ad . . . occultari: cf. *De Sac.*, I, 3, c. 1: 'Qualiter ab initio Deus agnitus est, et
quod unus, et quod trinus', and c. 2: 'Quare Deus nec totus sciri, nec totus ignorari

## De contemplacione Dei quantum ad suam deitatem
### Capitulum 27

113. Modo habes materiam et modum cogitandi de Deo in sua humanitate. Posterius debes scire qualiter cogitabis de ipso in sua altissima deitate.

114. Ad hoc debes intelligere quod Deus ita temperavit suam cognicionem in principio humane nature, quod se noluit homini ex toto monstrare, nec ex toto celare. Quia si se totaliter monstrasset, tunc fides nichil valuisset, et infidelitas victa esset. Fides enim est de re que non potest videri: et tunc, si aliquid video, non est fides de illo. Si vero se totaliter celasset, tunc fides non fuisset, sed infidelitas excusata esset. Et ideo voluit Deus se partim monstrare et partim celare.

115. Quatuor vero modis voluit se monstrare homini: duobus modis interius et duobus modis exterius. Interius per revelacionem et per racionem; exterius per scripturam et per creaturam. Per revelacionem quando Deus se monstravit alicui populo per inspiracionem aut per miraculum.

116. Per racionem venit Deus in cognicionem hominis tali modo. Quilibet homo potest bene videre in se quod ipse est, id est quod habet esse; et quod non semper fuit; et ex hoc bene scit quod inicium aliquando habuit. Tunc sequitur quod aliquod tempus erat in quo ipse non fuit. Sed quando non fuit tunc nullo modo seipsum facere potuit. Hoc enim idem videt homo in qualibet creatura; nam qualibet die videt aliquas creaturas transire, et aliquas venire. Et quia omnes res sunt, et a seipsis non sunt, ideo oportet necessario quod una res sit que dat omnibus esse: hoc est, a qua omnia sunt. Et ex hoc convincitur necessario quod ille per quem omnia sunt, sit sine principio, quia si haberet principium, oporteret quod illud habuisset ex alio. Et si habuisset inicium ex alio, tunc non esset primus auctor et primum principium omnium. Et ideo oportet necessario quod ipse per quem omnia sunt, sit ante omnia, et nichil ante ipsum. Et si nichil sit ante ipsum, tunc non

[cont. from p. 98] potest', PL 176, col. 217; see also c. 31, col. 234, and De Arca Morali, IV, c. 3, ibid., col. 668.

10-11 The original copy of SR must have had the correct reading of the argument, which is close to De Sac., I, 3, c. 2, for it is found in the Anglo-Norman version and in SE, c. 27. 114.

17-20 Cf. De Sac., I, 3, c. 3, PL 176, coll. 217-18 and c. 31, col. 234.

21-p. 100, l. 7 These two sections are very close to the arguments in De Sac., I, 3, cc. 8-10, PL 176, coll. 219-20, and Ricardus de S. Victore, De Trin., I, cc. 6-7, PL 196, coll. 893-4, Ribaillier, pp. 91-3.

quod ipso prius esset; et sic omnium nec ipsum primum esset nec
eorum principium. Sic ergo necesse est illud unum ante omnia esse,
per quod omnia habent esse. Necesse est ergo unum esse primum sine
principio, quod sit principium omnium.

117. Cum ergo videt homo aliter fieri non posse, incepit credere 5
firmiter unum esse principium omnium, a quo omnia, per quem omnia,
et in quo sunt omnia; et quod sit auctor et gubernator omnium.

118. Hunc autem Deum appellavit hoc modo. Hoc nomen *Deus* a
quodam verbo *thomi* greco tractum est, quod interpretatur *creare* sive
*nutrire*, quia creavit et nutrivit universa. Sic ergo pervenit homo ad 10
cognicionem Dei, qui est summum bonum, a quo est quicquid bonum
est.

### *Qualiter Deus est una substancia in tribus personis,*<br>*et qualiter prima persona dicitur Pater, secunda*<br>*Filius, et tercia Spiritus sanctus* 15<br>*Capitulum 27*

119. Post hec vidit humana racio quod Deus unus est et non plures.
Si enim essent duo dii, sequeretur in eis esse simul superfluitas et
defectus. Unus autem eorum superflueret si alter sufficeret, aliter enim
Deus non esset, nisi in se sufficiens esset. Neuter enim alterius esset, 20
sed uterque alteri deficeret. Item si plures essent, sequeretur defectus
in altero. Neuter enim subiceretur alteri, sed in utroque esset bonum
separatum, quod non esset in altero, et uterque sic diminutus esset; et
sic in utroque defectus boni esset, quoniam in neutro summum bonum
esset. Erat ergo necesse unum Deum esse, et non plures.                    25

120. Preterea, nullum bonum potest deesse Deo. Sed bonum est et
dulce et conveniens et concors consorcium. Ergo consorcii bonum et
societatis solacium non potest deesse Deo, qui est summum bonum.
Ergo in Deo, in quo nulla est insufficiencia, nullus boni defectus, nulla
substancie pluralitas, necesse fuit invenire personarum pluralitatem.   30

121. Prima vero pluralitas consistit in duobus. Ideo duas ad minus in
Deo oportuit invenire personas. Sed imperfecta est societas ubi deest

---

1 primum: prius A          9 thomi: themi BC          14 qualiter: quare C
14–15 et . . . sanctus *om.* B          19 sufficeret: deficeret A          29 nulla est
insufficiencia: est omnis sufficiencia B

---

17–25 Cf. *De Sac.*, 1, 3, c. 12, *PL* 176, col. 220; *De Trin.*, 11, cc. 15, 19, Ribaillier,
pp. 122–6, *PL* 196, coll. 909–12; see also Petrus Pictaviensis, *Sent.*, 1, c. 2, edd. Moore
and Dulong, vol. 1, pp. 10–11, *PL* 211, col. 794.
26–p. 102, l. 6 Cf. *De Trin.*, III, cc. 2–3, Ribaillier, pp. 136–8, *PL* 196, coll. 916–
18; see above, p. 22, n. 2.

venit ipse ex alio; et si non venit ex alio, tunc semper fuit, sine principio.
Nam ut prius omne quod habet inicium, ex alio habet illud; nichil
enim quod non est, potest sibi ipsi dare esse. Et ideo, oportet omnibus
modis quod una res sit, que nunquam principium habuit.

5 117. Et quando racio hominis videt necessario quod non potuit
aliter esse, tunc incipit firmiter credere quod unum est absque principio, quod est auctor, factor et gubernator omnium que sunt in mundo.

118. Et illud appellatur Deus propter istam racionem: istud enim
verbum *Deus* venit ab uno nomine greco quod vocatur *theos*, et hoc
10 tamen valet sicut *creare* vel *nutrire*. Et ideo appellamus primum principium Deum, quia ipse omnia creavit et omnia nutrit; hoc enim dicit
illud verbum *Deus*. Isto modo venit homo primo ad cognicionem Dei,
qui est omnia bona, et de quo est omne quod bonum est.

## Quomodo Deus est una substancia et tres persone
15 ## Capitulum 28

119. Postea venit racio hominis et videt necessario quod ille Deus
fuit unus solus Deus, et non plures dii. Nam si duo dii essent, ex hoc
sequeretur necessario quod ambo dii essent superflui et diminuti simul
et semel. Nam primus foret superfluus, quia secundus sufficeret, aliter
20 enim non esset Deus. Per eandem racionem foret secundus superfluus,
cum primus esset satis sufficiens. Ex alia parte, quilibet illorum esset
diminutus, propter hoc quod quilibet eorum deficeret a reliquo. Nullus
enim illorum esset reliquus, sed quilibet illorum esset summe bonus;
et tunc deficeret bonum ab utroque illorum, et sic in utroque esset
25 diminucio. Et ideo, si duo dii fuissent, in ambobus diis fuisset superfluitas et diminucio simul et semel. Et tunc oportet necessario quod
non sit nisi unus solus Deus.

120. Ex alia parte, nullum bonum potest Deo deficere. Sed quia
dulce et bonum est solacium societatis, ideo Deus non potuit esse sine
30 bono societatis. Et tunc oporteret necessario quod pluralitas personarum sit in Deo summe bono.

121. Et quia societas nequit esse inter pauciora quam inter duo,
ideo oportet quod in Deo ad minimum sint due persone. Et quia

14 Quomodo Deus in substancia est unus et trinus in personis M     25-p. 103,
l. 22 Et ideo . . . austeritatem *caret* N

dilectionis unitas et confederacio unitatis. Ideo necessaria fuit in Deo persona que fedus esset, amor et unitas aliarum personarum. Et quia necessaria est in Deo personarum pluralitas, et earum unitas, propter hoc fuit necesse in Deo invenire personarum trinitatem sub unius et eiusdem substancie simplicis unitate. Per hanc ergo racionis viam pervenit homo 5 ad cognicionem Dei, qui in se est unus, in personis trinitas sive trinus.

122. Modo consimili perveniet homo ad cognicionem sui. Vidit enim primo in se esse potenciam, deinde sapienciam; postea incepit diligere sapienciam, que propter seipsam diligenda est. Ex quo sibi claruit quod in anima humana primitus est potencia, de qua nascitur seu provenit 10 sapiencia; et ab utroque procedit amor. Et quoniam vidit sic esse in seipso, estimavit sic esse in Deo, qui est supra ipsum, scilicet quod in Deo esset potencia, a qua nata est seu provenit sapiencia sua, et ab utroque procedit amor ambarum.

123. Inter personas vero generacionis humane maxime solet inter 15 patrem et filium dilectionis et voluntatis unitas inveniri. Quia ergo a prima persona provenit secunda, et ab utraque tercia, ideo primam appellavit Deum Patrem, secundam Deum Filium, terciam Deum Spiritum sanctum, tamquam amorem et voluntatem et bonitatem ambarum.     ·     20

### Qualiter potencia Patri, sapiencia Filio, bonitas et dilectio appropriantur Spiritui sancto Capitulum 28

124. Solet autem inter homines pater esse filio debilior ex senectute, filius autem imprudencior patre ex iuventute. Ideo non sic putetur esse 25 in generacione divina sicut in humana, ideo Patri attribuitur sive appropriatur potencia, sapiencia Filio, amor et bonitas Spiritui sancto. Et quia hoc nomen *Spiritus* sonat quodammodo in austeritatem, ideo Spiritui sancto appropriatur dulcedo, et dilectio sive bonitas, amor et amborum voluntas.     30

125. Hoc igitur modo pervenit homo ad noticiam Dei creatoris sui, quantum potuit humane fragilitatis intellectus attingere, quomodo sit Deus principium sine principio; quare Pater appellatur prima persona, Filius secunda, tercia Spiritus sanctus. Hoc modo debes cognoscere Deum tuum, et in tali meditacione consistit fundamentum contempla- 35 cionis.

---

24 filio *om.* A     26–7 attribuitur sive appropriatur *om.* BC     27 potencia: compropriatur *add.* C     sapiencia: *hic redditur textus* C2     sancto: attribuuntur *add.* B     33 principio: fine B

societas parum valet ubi non est fedus nec amor, ideo oportet quod in
Deo sit tercia persona, que sit fedus et amor inter alias duas personas.
Cum igitur unitas sit bona, et pluralitas similiter, oportet necessario
quod utraque illarum sit in Deo. Per talem racionem venit homo ad
5 istam cognicionem Dei, quod ipse est unus Deus in se et sua substancia,
et trinus in personis.

122. Istud idem videt homo in seipso. Nam ipse videt bene quod
semper a principio habuit homo in seipso potenciam, et post potenciam, sapienciam. Et tunc incepit ille cognoscere aperte quod ipse
10 habet in anima potestatem, et de illa potestate venit sciencia; et de
ambabus venit amor. Et quando homo videt bene quod ita est in seipso,
ex hoc intelligit bene quod ita esset in Deo, qui est ultra illum, videlicet
quod in Deo sit potestas, et de illa potestate venit sapiencia, et de utraque procedit amor.

15 123. Et propter hoc, quod ex prima persona venit secunda, et ex
ambabus procedit tercia, ideo prima persona vocatur Pater, secunda
Filius, tercia Spiritus sanctus.

124. Et quia solet sic esse inter homines quod pater sit debilior filio
propter senectutem, et filius minus sapiens patre propter iuventutem,
20 ne aliquis homo ita estimet esse de Deo, ideo potestas appropriatur
Patri, et sapiencia Filio. Et quia illud verbum *Spiritus* sonat in austeritatem, ideo Spiritui sancto appropriatur dulcor et amor et bonitas.

125. Isto modo venit homo primo ad cognicionem Dei sui creatoris:
quomodo ille est sine principio, et quare vocatur Deus; et quare est
25 unus in substancia et trinus in personis; et quare prima persona vocatur
Pater, secunda Filius, et tercia Spiritus sanctus; et quare appropriatur
potestas Patri, sapiencia Filio, et bonitas et amor Spiritui sancto. Tali
modo debes cognoscere Deum tuum, et iste modus cognicionis est
fundamentum contemplacionis.

7–14 Cf. *De Sac.*, I, 3, cc. 21 and 27, *PL* 176, coll. 225 and 228–30; *Did.*, VII, c. 21,
ibid., coll. 831–2.
24–30 Cf. *De Sac.*, I, 2, c. 8; I, 3, c. 26, ibid., coll. 209–10, 227–8; Petrus Lombardus,
*Sent.*, I, D. 34, 6–8, *PL* 192, col. 616; Petrus Pictav., *Sent.*, I, c. 19, Moore and Dulong,
I, pp. 166–7, *PL* 211, col. 867.

126. Cum igitur fuerit cor tuum in fide recta confirmatum, et in spe firma stabilitum, et in dilectione perfecta constitutum, tunc erige cor tuum, et attolle mentem ad summam conditoris tui contemplacionem.

## *De tribus gradibus contemplacionis* <br> *Capitulum 29*     5

127. Anima vero toto conamine sepe Deum in sua natura nititur contemplari, sed a luce spirituali relisa, suum non valet explere conatum; et in seipsam regressa, quosdam gradus efficit de seipsa, per quos possit ascendere ad superioris contemplacionem. Videlicet, ut primo possit propriam considerare naturam, postea illam que est supra se, scilicet 10 divinam. Si vero cordis cogitacio per corporales ymaginaciones fuerit varie dispersa, aut in illis occupata, nunquam ad seipsam seu propriam naturam cognoscendam poterit pervenire. Quoniam quot cogitatuum varietatibus mens fuerit dissipata, tot obicibus impedita, et velut offendiculis erit offensa et quasi nebulis obcecata.     15

128. Primus ergo gradus contemplacionis est ut anima in seipsam conversa tota se recolligat in seipsam. Secundus est ut seipsam consideret, qualiter fuerit ipsa sic in se recollecta sive reducta. Tercius gradus huius contemplacionis est ut seipsam sullevet, et extollat supra se, et suum contemplari satagat creatorem in sua spirituali natura 20 propria.

129. Sed ad seipsam contemplandam nunquam poterit pervenire priusquam omnem ymaginacionem corporalem a se didicerit relegare, et quasi sub se prosternere, tamquam rerum species dedignans intueri, tam corporum celestium dico, quam terrestrium. Et quicquid in cor 25 venerit ab aliquo sensu corporali, utpote de visu, gustu, auditu, odoratu et tactu, ut seipsam videat qualis ipsa fuerit a corpore separata.

130. Considera ergo, si potes, quam sit anima in seipsa mirabilis: qualiter cum sit unum quid in se et in sua natura, diversas tamen in corpore per organa facit operaciones. Ipsa enim eadem que videt per 30 oculos, audit per aures, odoratur per nares, gustat et loquitur per os et linguam, tangit per omnia membra. Vide eciam quanta sit et quam magna que uno solo cogitatu comprehendere potest celum et terram, et que in eis sunt, et si millesies maiora essent quam sunt.

---

4 tribus *om.* B     7 luce spirituali: lucis spiritualis iocunditate B     11 yma-ginaciones: imagines C     23 ymaginacionem: imaginem BC     33 uno: in A

---

6–11 Anima . . . divinam: cf. Gregorius, *In Ezech.*, II, 5 (8), 'Nam saepe volumus omnipotentis Dei naturam invisibilem considerare, sed nequaquam valemus; atque

## *De tribus gradibus contemplacionis anime*
### *Capitulum 29*

126. Igitur postquam taliter stabilieris cor tuum in recta fide, firma spe, et perfecta caritate, erige sursum cor tuum in altissimam nostri
5 creatoris contemplacionem.

127. Sed anima tua vellet sepe videre Deum per contemplacionem in sua natura, et non potest. Et tunc revertitur ad seipsam, et facit de seipsa gradus per quos posset ascendere ad contemplacionem divinam; ita ut primo posset videre et respicere suam naturam interiorem, et
10 postea naturam que est supra illam. Sed si cogitacio sua sit per corporales ymaginaciones diversimode dispersa, tunc seipsam scrutari non potest in sua propria natura. Quot enim malis cogitacionibus ipsamet est ducta, tot malis obstaculis est impedita.

128. Primus gradus contemplacionis est quod anima revertatur, et
15 recolligat se totaliter intra seipsam. Secundus gradus est quod ipsa se videat qualis est taliter collecta. Tercius gradus est quod anima se levet ultra seipsam, et nitatur respicere suum gradum in sua natura interiori.

129. Sed ad cognicionem sui ipsius non potest venire quousque instructa fuerit refrenare quamlibet ymaginacionem corporalem, terre-
20 nam et celestem. Et quando venit ad cor suum aliqua delectacio visus, auditus, gustus, odoratus et tactus, vel alicuius alius sensus corporalis, debet illam refutare et calcare, ut se videat talem qualis est totaliter sine corpore.

130. Attendas igitur diligenter, quomodo anima est mirabilis in seipsa.
25 Ipsa enim est una in sua natura, et cum hac facit plurima diversa opera. Nam ipsa eadem videt per oculos, audit per aures, gustat per linguam vel per os, odorat per nasum, et tangit per omnia membra. Postea cogita quam magna est anima, que una sola cogitacione potest comprehendere celum et terram et omnia que in eis sunt, si essent millesies maiora
30 quam sunt, quod esse non potest.

---

1 anime *om.* KMS      17 nitatur: *hic desinit* O

---

[*cont. from p. 104*] ipsis difficultatibus fatigata anima ad semetipsam redit, sibique de seipsa gradus ascensionis facit, ut super ipsam est, in quantum potuerit, investiget', *PL* 76, col. 989; see also *In Ezech.*, II, 2 (12), col. 955 and *Moralia*, V, c. 33 (58), *PL* 75, col. 711.
11–27 Si . . . separata: cf. *In Ezech.*, II, 5 (8–9), *PL* 76, coll. 989–90.
28–p. 106, l. 4 Considera . . . creavit: cf. *In Ezech.*, II, 5 (10), *PL* 76, coll. 990–1.

131. Si ergo anima, que est vita hominis vel humani corporis, tam
magna tamque nobilis est, ut nulla creatura possit eam intellectu comprehendere, tanto nobilior et incomprehensibilior estimandus est ille
creator, qui tam mirabilem creaturam condidit et creavit. Ipse enim
supra omnia est, infra omnia, intra omnia, et extra omnia. Supra omnia  5
gubernans; infra omnia supportans; intra omnia implens; extra omnia
circumdans, et quasi pugillo concludens et continens universa. Huiusmodi contemplacio generat in corde firmam fidem et securam devocionem.

132. Post hec cogitare debes quam sit largus et munificus, et hoc 10
multipliciter, ut in bonis temporalibus, que tam malis quam bonis
conferre non desinit indifferenter; largitur enim quecumque videntur in
terra. Deinde cogites quam benignus sit petentibus indulgendo: licet
unus homo tot peccata perpetrasset quot omnes de mundo perpetra-
verunt, Deus tamen pronior est ad tribuendam petenti veniam et 15
prompcior quam peccator ad petendum. Post hec meditare quam largus
sit Deus in bonis spiritualibus, hoc est in virtutibus tribuendis. Cum
enim perfecte una virtus conceditur, omnes pariter conceduntur. Quarto
pensandum est quam sit largitor magnificus in bonis celestibus con-
ferendis omnibus qui iuste et pie volunt postulare. Qualiter enim negare 20
poterit quod ipse monet petere? Insuper promittit munera si velitis
ipsum pro celestibus exorare, cum dicit, 'Primum querite regnum Dei,
et hec omnia adicientur vobis'; ac si diceret, 'Si me rogaveritis eterna
bona, superaddam hec temporalia, eciam non petentibus ea.' Huiusmodi
de Deo meditacio de sua omnipotencia, largitate et munificencia, generat 25
in nobis spei certitudinem, sive spem rectam.

133. Deinde cogita de Dei dulcedine, de sua bonitate et pulcritudine,
que est in creatura corporali. Quot enim et quanta sunt que mulcent
oculos, delectant visum et detinent propter eorum pulcritudinem, et
auditum propter eorum sonoritatem, odoratum propter eorum odorem, 30
gustum et tactum propter eorum sensibilium suavitatem. Si ergo tanta
est dulcedo, bonitas et pulcritudo et delectacio in corporalibus et in
sensibilibus, que sunt transitura, quanta putas sit bonitas, pulcritudo,
dulcedo et delectacio in creatura spirituali, que finem non est habitura.

---

1 hominis vel *om.* BC        13 petentibus: penitentibus B        15 pronior:
prestancior C    petenti: penitenti BC        21 velitis: velimus BC        22 exorare:
operari A        24 hec: hic BC        25 largitate et munificencia *om.* A    munificencia: magnificencia B        26 rectam: certam BC        27–8 de sua . . . corporali: quantum ad creaturas corporales B

---

4–7 Ipse . . . universa: cf. *In Ezech.*, II, 5 (11), 'Ut vero se ostenderet omnia circum-
dare, coelum metiri palmo, et terram se asserit pugillo concludere. Ipse est ergo

131. Si anima hominis sit tam grandis et nobilis, quod nulla creatura in ista vita potest illam perfecte intelligere, quam nobilis tunc et quam potens erit ipse qui tam nobilem rem de nichilo creavit. Ipse enim est supra omnia et subter omnia, intra omnia et extra omnia. Supra omnia
5 gubernans; subter omnia supportans; intra omnia perimplens; extra omnia circumdans. Talis contemplacio generat in homine firmam fidem et securam devocionem.

132. Postea debes cogitare quomodo ipse est largus, et hoc potes videre multis modis. Primo vide qualiter est largus de bonis temporalibus,
10 cum ita bene dat illa bona hominibus malis sicut et bonis, in omnibus que vides hic in terra. Deinde vide quomodo est largus ad indulgendum et dimittendum peccata. Si enim unus solus homo fecisset tot et tanta peccata sicut omnes homines istius mundi, adhuc est ipse in centuplo prompcior ad indulgendum et miserendum quam ille miser
15 peccator ad indulgenciam et misericordiam petendum vel querendum. Tercio cogitabis qualiter est largus de bonis spiritualibus, hoc est de virtutibus. Nam qui ex dono Dei habet unam virtutem, habet omnes. Quarto cogitares quomodo est largus de bonis sempiternis omnibus illis qui volunt illa recte postulare. Quomodo enim posset denegare
20 illud quod ipsemet admonet petere? 'Roga me', dicit ille, 'ut tribuam tibi gaudia celi, daboque tibi temporalia sine peticione.' Ex alia eciam parte, magnam laudem vult tribuere per hoc quod volumus se recte petere. Talis contemplacio de sua largitate gignit in homine certam spem.

133. Posterius debes cogitare de divina bonitate, dulcedine et pulcri-
25 tudine. Ad hoc faciendum debes diligenter attendere magnam pulcri-tudinem, bonitatem et dulcedinem que est in una creatura corporali. Quot sunt que delectant oculum per suam pulcritudinem, gustum propter dulcedinem, nasum propter odorem, et sic de aliis sensibus. Quanta pulcritudo, dulcor et bonitas debet esse, et est, in creatura
30 spirituali, que nunquam finem habebit. Et postea, quanta bonitas,

---

3–26 qui . . . que est *om.* S

---

[*cont. from p. 106*] interior et exterior, ipse inferior et superior: regendo superior, portando inferior, replendo interior, circumdando exterior', *PL* 76, col. 991.

17–18 Cum. . . conceduntur: cf. Petrus Lombardus, *Sent.*, III, D 36 (i), 'Utrum qui habet unam virtutem, habeat omnes', *PL* 192, col. 829; in his answer he quotes Hieronymus, *Comm. in Isaiam*, xv, c. 56, 'Omnes virtutes sibi haerent, ut qui una caruerit, omnibus careat. Qui ergo unam habet, omnes habet', (Hieronymus, op. cit., *PL* 24, col. 538); see also Petrus Pictav., *Sent.*, III, c. 17, *PL* 211, coll. 1078–80.

22–3 Matth. vi. 33.

Sed quanta maior esse bonitas credenda est, pulcritudo, dulcedo et delectacio in ipso creatore, qui creavit hec omnia, nulla potest esse estimacio, quia finiti ad infinitum nulla est comparacio. Huiusmodi de Deo meditacio generat in corde dilectionem Dei, sive caritatem.

134. Cum ergo cogitando sic cogitaveris creatorem in creaturis per 5 comparacionem, exspolia cor tuum ab omni forma et imagine corporali, ut intellectus transvolet et transcendat omnem humanam racionem, ibique invenies tantam dulcedinem, tantam secretorum Dei suavitatem, quantam scire nullus poterit, nisi qui gustaverit. Quidem si scire per docentem desideras, non est qui te doceat vel exponat. Et si miser ego 10 peccator expertus essem, talia enunciare non possem. Qualiter per verba proferre deberem, quod corde concipere non valerem? Hec enim tam profunda sunt et secreta quam ineffabilia. Ideo de talibus loqui non audeo nec presumo, quod non docet carnis lingua, sed sola Dei gracia.

135. Ex hiis habes tria contemplacionis genera: unum in creaturis, 15 aliud in scripturis, tercium in ipso Deo, et hoc dupliciter, in utraque sui natura, humana scilicet et divina. Hoc est quod in principio nostri sermonis tactum est: qualiter tibi sit vivendum honorabiliter et perfecte; sic autem facies, si secundum predictam vixeris doctrinam.

*Quid sit vivere honorabiliter, amicabiliter et humiliter;*    20
*per hec tria totus sermo complectitur*
Capitulum 30

136. Nunc ergo videndum est et considerandum qualiter sit vivendum amicabiliter quoad proximum. Ad hoc autem pertingendum est mutua dilectio: scilicet ut diligamus et diligamur. Omnes autem diligendi sunt 25 in Deo: hoc est, solum propter bonitatem, non propter pulcritudinem corporis aut propter aliquod huiusmodi, quod potest diligi preter Deum. Unde diligere in Deo nichil aliud est quam diligere propter aliquid quod non potest diligi sine Deo, ut propter iusticiam, sive virtutem aliquam, quia propter talia non potest aliquis diligi preter Deum. Et ideo, cum 30 diligis aliquem propter bonum simpliciter, aut virtutem aliquam, ut

---

11 expertus: inexpertus B     enunciare: enodare B       18 sermonis: tractatus B
21 per . . . complectitur: et per hec tria totus completus liber B     per *om.* A     sermo
*om.* C     complectitur: et sic terminatur *add.* C       23 ergo . . . considerandum:
ergo considerandum est BC     sit *om.* A      28–30 Unde . . . Deum *om.* A

9–14 Quidem . . . gracia: cf. Bernardus, *Sermo 85 in Cant.* (14), Leclercq, II,
p. 316, *PL* 183, col. 1194; see above, p. 23.
18–19 See above, c. 2. 3.
25–p. 110, l. 6. Omnes . . . bonitatem: cf. *De Sac.*, II, 13, c. 6, *PL* 176, coll. 528–30.

dulcedo et pulcritudo est in una re que est in hac vita, et cras erit preterita; et tunc a multo forciori oportet quod in omnium istorum creatore sit maior pulcritudo, dulcedo et bonitas, sine comparacione. Iste modus contemplacionis generat in homine amorem sui creatoris.

5 134. Postremo, quando taliter respexisti nostrum creatorem per consideracionem suarum creaturarum, expelle a tuo corde omnem ymaginacionem corporalem, et permitte tuum nudum intellectum evolare supra omnem humanam racionem usque in celum. Et ibi invenies tantam dulcedinem et tot secreta, quod nullus hoc sciret preter ipsum 10 qui illud expertus est. Si vis illud cognoscere per documentum, vadas ad illum qui illud probavit per experimentum. Et quamvis totum illud ego miser probavi, illud tamen non possum enarrare. Quomodo enim possem illud ore narrare, quod non possum corde cogitare? Illud enim est ita secretum quod superat omnem cogitatum. Et propter hoc oportet et 15 iustum est illud faciam, et non lingua doceam, sed opere per solam graciam perimplem.

135. Iam habes tres gradus contemplacionis: unum in creatura, alterum in scriptura, et tercium in dulcissima Dei natura.

*Quid est vivere honorabiliter, amicabiliter et humiliter*
20 *Capitulum 30 et ultimum*

136. Si vivas secundum istam doctrinam, tunc vivis honorabiliter, et hec est prima pars sermonis nostri, que fuit tacta in principio. Postea debes studere ut vivas amicabiliter quantum ad proximum. Ad hoc perficiendum debes apponere totam tuam diligenciam amare et 25 amari. Omnes homines debes amare in Deo; hoc est, propter solam bonitatem et non pro corporis pulcritudine, nec pro bono cantu, nec propter aliquid huiusmodi, sicut pro fortitudine vel alia huiusmodi corporali virtute, que possunt amari absque Deo. Et propter hoc amare hominem in Deo non est aliud nisi amare illum propter unum tale quod 30 non potest amari sine Deo, sicut pro bonitate, pro iusticia vel pro veritate. Nam propter talem virtutem non potes amare hominem nisi ames Deum. Et ideo quando amas hominem propter bonitatem, iusticiam

20 30 et *om.* E       25 amari: *hic desinit* N

18 Here M1 introduces the first part of the same chapter from *SR*, under the rubric, 'Rubrica de tribus gradibus contemplacionis.' The extract runs from the beginning of the chapter to the end of the definition of the first degree of contemplation, c. 29. 128, above, p. 104, 6–17; this is followed by the first sentence of 129, p. 104, 22–5. The interpolation concludes with the La Bigne version of the next sentence, Et quando . . . refutare, p. 105, 20–2.

propter veritatem, iusticiam, et huiusmodi, tunc diligis eum in Deo. Deus enim est bonitas, veritas, iusticia, et huiusmodi genera virtutum. Si enim boni simus, nullum habemus amicum nisi bonum; nec eciam inimicum nisi malum. Ideoque debemus bonos diligere quia boni sunt, malos autem quia boni esse possunt. Sic ergo diligentes, nichil diligimus 5 nisi bonitatem, ex quo non diligimus nisi propter bonitatem.

137. Si ergo vis amari, teipsum exhibeas amabilem. Ut autem hec facias, tria te erit necesse memorie commendare: scilicet, ut facias quod tibi preceptum est et rogatum; et quod tibi datum est suscipe, noli recusare; pacienter sustine quod tibi dicitur vel factis irrogatur. Si 10 vixeris taliter, vivis amicabiliter.

138. Postremo, tibi totis viribus insudandum est ut vivas humiliter. Atque sciendum est quod due sunt humilitatis species. Una procedit seu nascitur ex veritate, altera vero ex caritate. Primam habere potes per cognicionem tui, quia nullo modo te videre poteris qualis ipse fueris, 15 nisi teipsum humiliaveris. Secundam habere poteris speciem humilitatis, si crebro cogitaveris quam humilis extiterit Dominus noster Iesus Christus, quantum se humiliaverit qui peccatum non habuit. Hec ergo procedit ex pura caritate, que est Dei dilectio.

139. Ex hiis ergo, que dicta sunt, vides quid sit vivere honorabiliter, 20 amicabiliter et humiliter. Donet nobis itaque Deus ita eum honorare, ita proximum diligere, ita nosipsos humiliare, ut propter nostram honoracionem honorari, propter nostram dilectionem amari, et propter nostram humiliacionem ad celos mereamur exaltari. Per Dominum nostrum Iesum Christum etc., Amen. 25

EXPLICIT SPECULUM BEATI EDMUNDI DE PONTINIACO.

---

3 amicum *om.* A 4 nisi malum: habemus nisi mali simus B 6 non *om.* A 13 est *om.* A 16 poteris: per *add.* AB 18 habuit: nec inventus est dolus in ore eius qui cum malediceretur non maledicebat, cum pateretur non comminabatur etc. *add.* B 21 humiliter: Et per hec tria totus sermo noster completur et terminatur *add.* B 24 humiliacionem: humilitatem BC, in terris *add.* B 24–5 Per . . . etc. *om.* C 26 Speculum . . . Pontiniaco *om.* A; Explicit tractatus qui vocatur Speculum Beati Edmundi Archiepiscopi quondam Cantuariensis B

---

18 se . . . habuit: cf. Phil. ii. 6–8.
21–4 Donet . . . exaltari: cf. Gregorius, *In Ezech.*, ii, 2 (15), 'Dilatemur in affectu charitatis, ut exaltemur in gloria celsitudinis. Compatiamur per amorem proximo, ut conjungamur per cognitionem Deo. Condescendamus fratribus minimis in terra, ut coaequemur angelis in coelo, quia vir qui sua imagine Redemptorem signat, mensus est latitudinem aedificii calamo uno, altitudinem quoque calamo uno', *PL* 76, col. 958.

vel veritatem, tunc illum amas in Deo. Deus enim est bonitas, iusticia et veritas. Si enim nos essemus boni, nullum haberemus amicum nisi bonum, nec inimicum preter malum. Et propter hoc, bonos debemus diligere quia boni sunt, et malos similiter quia boni esse possunt; et 5 isto modo non amas aliquid nisi bonitatem.

137. Et si vis amari, ostende teipsum amabilem; et si vis esse amabilis, recipias et reserves ista tria verba, sine oblivione. Facias illud quod quis tibi precipit et instanter rogat; accipe sine murmuracione et custodi quod quis tibi donat; sustine pacienter quodcunque homo tibi dicat. 10 Si sic vivas fideliter, tunc vivis amicabiliter.

138. Postremo, studere debes ut vivas humiliter. Et propter hoc debes scire quod duo sunt modi humilitatis. Unus venit ex veritate, alius ex caritate. Primum modum potes habere per cognicionem tuiipsius. Nullo enim modo mundi potes videre teipsum, qualis es in veritate, 15 nisi sis humiliatus. Secundum modum potes habere si sepe cogites de humilitate dulcissimi Domini nostri Iesu Christi, quomodo ipse se humiliavit, qui nunquam peccatum fecit. Et talis humilitas pure venit de caritate.

139. Modo cognoscis quid est vivere honorabiliter, amicabiliter et 20 humiliter, et hoc est vivere perfecte. Noster dulcissimus Dominus Iesus Christus ita nobis concedat Deum honorare, proximum nostrum amare, et nosmetipsos humiliare, ut possimus pro nostro honore honorari, pro nostro amore amari, et pro nostra humilitate exaltari ad gaudium celi, quod pro nobis est paratum ab origine mundi. Dicant 25 omnes Amen.

EXPLICIT TRACTATUS SANCTI EDMUNDI DE PONTINIACO, QUI APPELLATUR SPECULUM ECCLESIE.
Deo graciarum exhibicio.

24–5 Dicant omnes EJBa Bi; Qui cum Patre et Spiritu sancto vivis et regnas Deus per omnia secula seculorum Q    25 Amen: Iesus est amor meus *add*. K 26 Sancti: Beati Q    Pontiniaco: sive Abendonia *add*. S; episcopi Abendonia in Anglia tamen nati *add*. H    26–7 Explicit . . . Ecclesie *om*. JL, Explicit Speculum Ecclesie Sancti Eadmundi de Pontiniaco G1    27 Ecclesie: Edmundi R, quod Tunne d.s. *add*. K; et bene potest ita nominari, cum in tota sacra scriptura non poterit aliquid specialius inveniri *add*. FMPST, (etc. *add*. P)    28 Deo . . . exhibicio EBa

# I. INDEX LOCORUM SACRAE SCRIPTURAE

In all the indexes references are made to the text by the numbered sections. Numbers preceded by 'A' refer to the *Speculum Religiosorum*, numbers preceded by 'E' to the *Speculum Ecclesie*.

# II. INDEX AUCTORUM

CC: Corpus Christianorum
CSEL: Corpus Scriptorum Ecclesiasticorum Latinorum
PG: Migne, Patrologia Graeca
PL: Migne, Patrologia Latina

EUSEBIUS 'GALLICANUS' (*cont.*):
*Patrum*, v, 1
Cologne, 1618, pp. 550–1;
(*PL* 67, coll. 1067–9; *PL* 50, coll. 855–6)
   Hom. ix: 1

GRATIANUS
*Decretum*
(ed. A. Friedberg, Leipzig, 1879)
   II, C. xxx. q. I, c. vii: E63
   III, d. IV. cc. cxvii–viii: E63

GREGORIUS MAGNUS
*Homiliarum Lib. 2 in Ezechielem*, II
(*PL* 76, coll. 785–1072)
   II, 1 (16): 91
      2 (12): 127
         (15): 139
      5 (8): 127
         (8–9): 127–9
         (10): 20, 130–1
         (11): 131

*Moralia in Job*
(I, *PL* 75, coll. 527–730; VI, *PL* 76
coll. 445–782)
   I, v. 33: 127
   VI, xxxi. 45: 27–35

HIERONYMUS
*Commentarium in Isaiam*
(*PL* 24, coll. 17–678)
   xv. 56 (1): 132

*Commentarium in Jeremiam*
(*PL* 24, coll. 679–900)
   I, 4: E43

*Epistola 120 ad Hebidiam*
(ed. I. Hilberg, *CSEL*, lv (1912),
pp. 470–515, *PL* 22, coll. 980–1006)
   1: 74

HONORIUS AUGUSTUDONENSIS
*Elucidarium*
(*PL* 172, coll. 1109–76)
   II, 18: E64
   III, 4–21: 87–9

HUGO DE S. VICTORE
*De Arca Noe Morali*
(*PL* 176, coll. 617–80)
   II, 4: 22
   IV, 3: 114

*De Arrha Animae*
(*PL* 176, coll. 951–70)
   coll. 951–70: 10, 13–17

*De Institutione Novitiorum*
(*PL* 176, coll. 925–52)
   1–5: 3
   8: 25

*De Meditando*
(ed. R. Baron, *Six Opuscules spirituels*,
Sources chrétiennes, 155, Paris, 1969,
pp. 44–59, *PL* 176, coll. 993–8)
   p. 44: 18
     44–55: 5–9
     46: 25

*De Modo Orandi*
(*PL* 176, coll. 977–88)
   1: 13

*De Quinque Septenis*
(ed. Baron, op. cit., pp. 100–19, *PL*
175, coll. 405–14)
   1–5: 26
   2: 28, 36
   3–4: 37
   5: 39

*De Sacramentis*
(*PL* 176, coll. 173–618)
   I, 2. 8: 124
      12: 19–20
     3. 1–2: 114
      3: 115
      8–10: 116–17
      12: 119
      21: 122
      26: 124
      27: 122
      31: 114, 115
     6. 5: 91
     8. 10: 101
     10. 4: 101
      8: 101
     12. 6: 42, 45–6
      7: 46–7, 52
      8: 46, 48–50
   II, 1. 6: 101
     8. 7: 109–10
     13. 1: 28, 36
      2: 37, 71
      6: 136
     15. 2: 69

*Didascalion, Liber VII*
(*PL* 176, coll. 811–38)
   1: 19–20
   3: 20
   14: 22
   21: 122

PSEUDO-HUGO
*Allegoriae in Novum Testamentum*
(*PL* 175, coll. 751–924)
   II, 3: 28
     7: 79

*MISSALE AD USUM SARUM*
(ed. J. Wickham Legg, *The Sarum
Missal*, Oxford, 1916)
   oratio ante communionem, p. 227: 16

# III. INDEX NOMINUM ET VERBORUM

malus (*subst.*) A132, E136

mandata 16; decalogi decem A26, 42–53; decem 54; Dei A32, E42–53; Domini decem E26

Mara A103

Maria (B.V.) 16, A58, E59, 93, 103

Maria Magdalena 97, E61

martir 82

mater 12, 46, 105, E11; carnalis E46; Christi 105, 107, A93

materia 90, E25; cogitandi 113; colloquendi A90; loquendi 90

matrimonium 68

matutine (*pl.*): -as dicere vel audire E44; meditacio ante 93–4

medicina 39; salutifera E38

medicus 39

meditacio 17; de alia racione Christi E92; de altera constitucione Christi A92; de Deo A133; de passione Christi 92; de teipso 5; duplex de Deo 92; -ne, in tali consistit fundamentum contemplacionis A125

meditaciones ante septem horas 93–112: de adventu Spiritus sancti 100; de ascensione 107; de capcione 94; de cena Domini 108–10; de crucifixione 102–3; de deposicione 108; de flagellacione 99; de illusione 95; de incarnacione (annunciacione) 101; de morte 104–6; de nativitate 93; de resurrectione 96–8; de sepultura 111; de sudore 112

mens A16, 77, 126–7; -tis requiem E37

meritum 14, A15, 44; -a B.V.M. 16; sanctorum 16

mestus (*subst.*): -os consolari A44

Michael 82

miraculum 115

miser (*subst.*): -os visitare E44

miseria humana 9, A101, E6

misericordia 37, A72, E7, 16, 132; Dei 22, A16, E23, 101; -e opera 72, A44; sex opera A26, 71; septem opera E26, 71

misericors 37, A101

missa E44

mitis (*subst.*) 37

modicum (*subst.*) A12, 102, E74, 85; fetoris E12

modus 17, E16; cogitandi 113, A17; cognicionis E125; consideracionis E17; considerandi A17; faciendi 54; mundi E138; -i (*pl.*) contemplacionis tres E18; contemplandi tres A18

mores A90

mors 47, A60, E3, 6, 68; Christi 102, A104; subitanea 16; inprovisa 16; -tem patior E101; subeo A101; -tis

future angustia A112; in articulo A69; in periculo 69, E63; tristicia E112; -te, a (de), ad vitam 61, E96

mortale *v.* peccatum

Moyses E53

mulier 105, E38

multiloquium 34

mundana (*subst.*) A89

mundus 2, 7, 14, A72, 100, E117; captivus E81; hic A81, E48, 61–2; iste E54, 70, 72, 74, 102; totus A98, E72; universus E98; -m ad despiciendum E25; relinquo A2; -i contemptus A25; origo E139

munificencia A132

murmuracio E137

Nathanael (Natanael) 98

natura: anime 130, E127; corporis et anime 83; Dei 18; divina A127, 135; dulcissima Dei E135; humana 21; humana Dei A135; interior anime E127–8; propria anime 127; spiritualis Dei A128

naturaliter: amo E57; appeto et diligo A57

nebula A127

negligencia 37, E64; circa Dei mandata (precepta) 32

Nichodemus 111

nobilitas: cognacionis E29; generis A29

nocivus: -e creature A22; herbe E22

Noemi 103

nona hora: ante -m -m meditacio 104–7

non-esse (*subst.*) A10

noticia Dei (de Deo) A114, 125

novum testamentum E44

observare statum suum religiosus tenetur A1

obstaculum malum E127

occasio mortis 47

oculus: carnalis A109; corporalis E109; spiritualis A109

odium: Dei E35; viciorum A25

offendiculum A127

officium in ecclesia E86

Oliveti mons 98, 107

omnipotencia A24, 132

omnipotens A103

operacio bona E42; -nes diverse A130

opus 30, 38, E3, 44, 52, 55, 62, 134; bonum 38; ociosum E7; iusticie A42; vanum A7; -era diversa E130; mirabilia Dei 22; *v.* misericordia

oracio 79, A112, E15, 77–8; dominica 26, 76–86, E63; -ne instabilitas in 35; quales debemus esse in 79; -nes 107, A77–8; -num multiplicacio 77

ordinaliter A3 (*app. crit.*; *v.* Introduction p. 7)
ordo: -inis sacramentum 67; -nes sacri (sancti) 82; sanctorum in terra 82
organa in corpore A130

pallida E103
panis A110; corporalis 83; eukaristie E83; spiritualis 83
papa 82
paradisus 100, 105; terrestris E68
parentela E12
parentes 11, 16, A12, E63-4; carnales A46, E11; primi A63; spirituales A46
passio Christi 92, E60; -nis commemoracio E66
pater 12, 46, 58, 124, A123, E11; carnalis E12, 46; Deus *passim*; spiritualis E46
Pater noster *v.* oracio dominica
patriarcha E82
Paulus E43, 86
pauper 38, 44, 73 ,82, A75; -es spiritu 37, 73, E75; veri 74, A75
paupertas 75, A73
peccator A15, 36, 132; miser A134, E132; miser et captivus E36
peccatum 11, 13, 16, 22, 132, 138, A10, 14, 38, 43, 66, 85, E105; actuale A63, E65; cogitacionis A84; contractum post baptismum A65; in opere generacionis A68; mortale 65, E62, 64; mortale in opere generacionis E68; odiendum E25; omissionis A84; operis A84; originale 63, E62; veniale 65, E62; in peccatum cadere E66; in -o vivere A84; -a mortalia septem 26-36, E44; -orum septem genera A36; -is abstineo a A85; ligare et solvere a E67; maneo in E84; servamus nos a E85
pecco in cogitacione, locucione et opere E84
pena: Christi in cruce 102; corporalis E69; futura A85; infernalis E102; inferni 16, 102, E26, 75; presens A85; spiritualis E69; tartarorum A26; -m ad timendum E25; pene (*pl.*) septem inferni in corpore et anima 89
penitencia 42, A38, E64; quam Filius Dei fecit E65; -e sacramentum 65
penitens (*subst.*) 66, A13, E65
Penthecoste (pentacoste) 99-100
perdicionis filie A28
peregrinacionis residuum A15
peregrinor A81
peregrinus 97, A81; -os hospitare 71
perfectio 1, A2
periculum A14; anime E14
Persone Trinitatis A19, E42, 58

peticio E132; -nes septem evangelice (evangelii) 78; septem oracionis dominice 26, 76-86
Petrus 94, 97-8
pietas E72, 103; -tis spiritus 39-40
pignus sacrum A110
Pilatus (Pylatus, Poncius) 99, 108
pluralitas (in Deo) E121; personarum (in Deo) 120, A121; substancie A120
plus et plus E9, 13
potencia, 23, 56, 88, 122, A8, 19-20, 124, E3, 24, 89
potestas 56, E8, 19-20, 46-7, 72, 122, 124-5; inimici E96; predonis A96; sacramenti ordinis 67; sub aliena me supponeo A72
potus nimius 38
preceptum A28, 47; -a Dei E32, 42-53
preces (oracionis dominice) E76
predicator A25, E44
predo pessimus A96
prelatus ecclesie E67
presbiter A82
prima hora: ante -m -m meditacio 95-6
princeps 82
principium E122; carnis A12; creacionis humane A114; humane nature E114; modicum et fetulentum A12; mundi 89; omnium A116-17; primum omnium E116, 118
prior 82
priorissa E82
probi homines E74
pronitas A38
prophecia 105
propheta 82, 86
prosperitas mundi E40; seculi 40, 70
providencia 100
proximus 5, 36-7, 46, 50-2, 136, 139, E3; -orum utilitas A74
prudencia 54, 70
psalterium 86
puella speciosa (Maria) E103
puer Iesus A103, E93
pugillus A131
pulcritudo 12, 24, 29, 87, 89, 133; corporis 136; divina E133
punctum acutissimum E103
purgatorium 81
purgatus (*subst.*) A63

racio 115-16, A102, E12, 119, 121; hominis E117, 119; humana A119, 134; reddo 7
racionabiliter A24
racionari (*subst.*) A20
Raphael E82
rector E82
redempcio A60

thomi (?) A118

Tiberiadis mare 98

timor E8, 110; Gehene A25; vanus A8; -is Domini spiritus 39–40

tormentum infernale A102

totaliter A14, E129

transitura (*subst.*) A133

Trinitas: beata 24; Deus E5; personarum A45, 121; sancta A58

tristicia 32, A8, 30

unctio: extrema 69; sacra E69

unguentum preciosum 111

unitas 121; dilectionis A121, 123; personarum A121; substancie A121; voluntatis A123

utilitas: creaturarum 23; oracionis dominice 77

vagacio mentis E32

venenosus: -a animalia A22; -e bestie E22; herbe A22

venenum E38

venia 85; -m do A84; impetro A16; peto 132; tribuo A13, 132

venundatus sub peccato A13

verbotenus E86

verbum E79, 86, 95; Dei 44, 58; ociosum 7; -a 1, 79, 86, A134, E38, 77, 137; cuiusdam ancille maledicte E94; curiosa E77; prava E31; rithmica 77; septem Christi in cruce 104–5; -orum series in Pater noster A77

Veritas (Christus) A45

veritas 43, 136, 138, E5, 12

vermis 6, 11

versiculo: versicula sapienter E86

vespera A15, E16; ante -s meditacio E108–10

vespertina hora: ante -m -m meditacio A108–10

via 102; in celo A54; perfectionis 2; racionis A121

Via (Christus) A45

vicium 16; -a septem 37, E28; -orum odium A25

vigilans (*subst.*) A44

vinum A110

virginitas E38

virgo 82, E38

virtus 20, 29, 102, 132, A136; baptismi E63; corporalis E136; cum una conceditur perfecte omnes pariter conceduntur A132; verborum E63, 67; -tem ad diligendum E25; qui habet unam habet omnes E132; -tes cardinales 70, A54; septem (theologice et cardinales) 26, 54; septem evangelice A26, 37; septem evangelii E26, 37, 39; sunt in tribus: lapidibus, herbis et verbis E67; theologice tres 55–7, A54; -um acquisicio A25

vita 54, A61, E6, 48, 68; activa 40; alia E78, 81; aliena E90; alterius 49; contemplativa 40; eterna 82, A15, 25, 60, 104, E46; futura A78, 81; hec A22, E81, 133; hominis A131; humana 70; innocua A44; ista E16, 78, 131; mortalis A48, 83; presens A78; propria A90; secularis A72; temporalis A15, E46; tua E90; -e necessaria A83, 86; perfectio A1

Vita (Christus) A45

vivere (*subst.*) 20; vivo amicabiliter 3, 136, 139; bene A25; fideliter E137; honorabiliter 3, 139, A135, E136; humiliter 3, 138–9; imperfecte A1; in congregacione E2; in religione E1–2; non perfecte E1; perfecte 2, 3, A135, E139

vocacio 1

voluntas 56, 94, A30, 123–4, E9, 89; bona E60; Dei 3–4, 77, 82–3, A15, 80, E60; qualiter consideranda est in scripturis A25; divina E3; mala 52; -te in alterius constitutus E72

ymaginacio: celestis E129; corporalis 127, 129, E134; terrena E129

Zebedeus 103